118. 特牲（第2简简背）第十（第1简简背）

今本作第十五。篇次不同，説見1.條。

119. 特牲餽食之禮（第1简）

今本餽作饋。简本二餽食禮篇首並篇内「如餽之設」句俱作餽。説文食部：「饋，餉也。从食貴聲。」又：「餽，吴人謂祭曰餽。从食鬼，鬼亦聲。」似是二字二義。案饋从遺得義，故廣雅釋詁、檀弓上「饋祥肉」鄭注、左傳昭公二十五年「往饋之馬」杜注，均云「饋，遺也。」左傳昭公四年釋文、列子黃帝篇殷敬順釋文均云：「饋，餉也。」

與説文合。廣雅釋詁又云：「餉，遺也。」是饋、餉、遺同義。文選祭顏光禄文李善注引倉頡篇：「饋，祭名也。」古訓亦有以為祭典之名者。羣書饋字多作餽，孟子公孫丑下「於宋餽七十鎰而受」，莊子庚桑楚「夫復謵不餽而忘人」，漢書禮樂志「齊人餽魯而孔子行」，又律曆志「在中餽之象也」。顏師古云：「餽亦饋字[redacted]」「餽與饋同」，爾雅釋詁釋文[redacted]：「饋也，本或作餽。」是餽實饋之或體。鄭注「饋食」云：「祭祀自孰始曰饋食，饋食者食道也。」食道者，生人飲食之道。孰指黍稷。士祭祖[redacted]猶如張爾岐所云「初祭即薦飪熟之牲體及黍稷」，以別于「天子諸侯之祭，先有灌鬯朝踐饋獻

之事，至迎尸後乃進熟黍稷也。」特牲尸入九飯，少牢尸入十一飯，與生人飲食無異，故中庸云『事死如事生，事亡如事存。』特牲及少牢上下篇均為『歲時祭于祖禰之禮』，故饋為祭名；其義為事死如生，故又當訓饋為遺也、餉也。國策中山策『飲食餔餽』高誘注：『吳謂食為餽，祭鬼亦[redacted]為餽。』古文通用。包括二義，最為顯豁。說文列饋、餽二篆，分繫二義，與諸家之注不合。廣益本玉篇亦分列二字，訓同說文，而卷子本玉篇殘卷則饋、餽二字相接，餽字不出音，釋曰：『說文吳人謂祭曰饋也。聲類亦饋字也。』野王多采許書，而卷子本所引與二徐本每多不合。我友胡吉宣玉篇校釋云：

『原本以餽為饋之重文，故不出音，字列饟、餉下，饁、饗上。廣益本饋在餽下，並失原次。』以餽為重文，當本說文舊本。廣韵六至亦以餽為重文，禮部韵略饋下注云『亦作餽』，均出同源。據以推斷說文原文應為：『饋，餉也。从食从遺省。餽，或从鬼，鬼亦聲。吳人謂祭曰餽。』而高誘、李登以下並本說文為說。今本說文分饋、餽為二字，實亂于二徐；廣益本玉篇又為或人依二徐竄改。今據卷子本玉篇復原，方得滯義盡釋。

聘禮歸饔餼于賓介節『君使卿韋弁歸饔餼五牢』鄭注：『今文歸或為饋。』記『夫人歸禮』鄭注：『今文歸作饋。』

[illegible — faded cursive handwritten vertical Chinese manuscript; body text not legibly decipherable]

注文有誤，今字當作古。論語先進「詠而歸」，釋文：「如字。鄭本作饋，饋酒食也。魯讀饋為歸，今从古。」陽貨「歸孔子豚」，釋文：「鄭本作饋，魯讀為歸。今從古。」[redacted]云今从古，陸德明不從所據本也。魯論今文作歸，鄭用古論作饋。論[redacted]衡明雩篇引論語作「詠而歸」，釋云：「詠而饋，詠，歌；饋，祭也。歌詠而祭也。」引本文據魯論而述說从古論，徐養原以為「充此論乃古文說」是也。然則聘禮作歸是今文用叚借字，故鄭注當作「古文歸作饋」。特牲、少牢作饋用古文正字。餽為饋之或體，簡本用古文。聘禮記「如饋食之禮」，鄭注：「今文無之。」簡本、今本[redacted]二饋食禮[redacted]俱有之字，用古文。

120. 不諏日（第一簡）

今本諏作詛。簡本下兩命詞「諏此某事」亦作詛。鄭注：「今文諏皆為詛。」簡本用今文。少牢諏日而特牲不諏日，大夫禮威于士，禮威者先議定筮日，至是日筮而得吉日為祭日。不諏日不議定筮日也。諏、詛一聲之轉，胡承珙疏義謂「諏正字詛假借字」是也。徐養原疏證云：「諏本訓謀，疑詛乃謀之譌。」亦可備一解。

121. 席于門中橛西棫外（第一—二簡）

今本橛作闑。鄭注：「古文闑作槷。」士冠鄭注：「闑，門橜也。」闑為門中央短豎木，即曲禮上所謂「大夫士出入

君門由闑右。」類篇：「樴，杙也。」考工記「匠人建國，置槷以縣」，鄭注：「故書槷或作弋，杜子春云，槷當為弋，讀為杙。」玄謂槷古文[redacted]臬，假借字。」爾雅釋宮云：「樴謂[redacted]之杙，在地謂之臬。」又云：「橜謂之闑。」說文木部：「橜，弋也。」杙之作弋，闑之作臬，均為聲同通段，杙、闑均為加形旁後製正字。樴為杙之俗字。古文作槷或作弋，今文作闑或作臬。簡本用古文。

今本棫作閾。鄭注：「古文閾作蹙。」說文門部：「閾，門榍也。」𨸏部：「限，一曰門榍也。」木部：「榍，門限也。」段注：「一物三名。」[redacted]爾雅釋宮：「柣謂之閾。」柣即榍字。閾為門限，曲禮上所謂「不踐閾」。簡本棫字，毛傳、說文均訓「白桵也」，係木名，與門限之義不相涉，必是誤字。胡承珙疏義云：「閾為蹙者，文選西京賦『右平左城』，薛綜注：『城，限也。』是城與閾義同。景福殿賦『其西則有左城右平』，李善注引七略曰：『王者宮中必左城而右平，城猶閾也，言有國當治之也。』案閾國並从或聲，蹙城並从戚聲，蓋古音或聲戚聲相近，城之為閾，猶蹙之為閾。」古文蹙或本作城，棫實城之形譌。簡本用古文。

122. 筮人取筮于西孰執（第2简）

今本孰作塾。孰、塾聲同通段，塾為加形旁後製正字。

段孰為塾，猶段孰為熟，其[redacted]例同，不過後者為習見耳。

今本執下有之字。少牢第1簡筮日節「史朝服，左執筮，右抽上韇，兼與筮執之。」有之字與今本同。士冠筮日節「筮人執莢，抽上韇，兼執之。」執之或兼執之，之[redacted]指蓍或蓍與韇，無之字不詞，簡本誤脱。

123. 筮者許若(諾)，璒即席，西面坐，封者在南(第2簡)

今本璒作還。下第34簡獻賓與眾兄弟節「璒東面」作環，有司第6簡主人獻尸節「尸儇几」作儇，泰射全篇除爛缺外凡十一見俱作環，惟第92簡將樂射拾取矢節「且左環」作環，顯係璒之誤寫。此篇第3簡筮日節「筮者還」，燕禮第34簡立司正節「左還」作還凡二見與今本同。璒即環字，周禮樂師職「環拜以鍾鼓為節」，鄭司農云：「環即旋也。」山海經大荒北經「共工臣名相繇，九首蛇身自環。」郭注：「言蟠轉旋也。」廣雅釋詁、華嚴經音義下引字林：「旋，還也。」經傳多以還為旋，玉藻「周還中規，折旋中矩」，釋文：「音旋，本亦作旋。」左傳襄公十年「還鄭而南」，又哀公三年「道旋公宮」，釋文均云：「本又作環。」是環、還、旋音義俱同相通段。作環為還之加形旁字。作儇為還之段

借字，荀子禮論篇「設掩面儇目」，楊倞注：「儇與還同」。噩侯鼎「唯還自征」，金文从彳从亻同作，儇亦還字。

今本封作卦。簡本此篇「卦者」作封，「寫卦」作卦；少牢「卦者」「卦以木」「筮卦占如初」作封，「書卦于木」「史兼執筮與卦」作卦。陳校云：「簡分別之為封[redacted]與卦」。雖未作斷語，既贊其分別，其意蓋以簡本為是。案分別之說甚為無義。凡筮用二人，一人以著之數定得爻之陰陽為筮者，一人用木畫陰陽爻于地為卦者，六爻畫畢，知為某卦，遂書于板。卦者畫卦書卦，決無分別為二字之理。說文卜部：「卦，筮也。」刀部：「刲，刺也。」二字義別。易歸妹、

國語楚語、少牢均有「刲羊」之文，乃刲字本義。簡本下刲羊作劫，乃刲之誤寫，則此作封乃涉下文而誤。少牢「書卦于木」之卦有削改痕，似已發現抄者有誤，但于筮事不甚明[redacted]曉，遂未盡改耳。

今本南作左。筮者西向，卦者在筮者之左，即在其南，南字似不誤。少牢筮祭日節「卦者在左坐」，簡本亦作左。今本則士冠、特牲、少牢皆作左。禮經通例，二人並立或並坐，祇言左右而不言南北或東西，蓋因面向有時[redacted]更易，言南北或東西頗易混淆，言左右則明確無疑，仍以作左為長。

124. 如初義（第3簡）

今本義作儀。簡本特牲、有司、泰射儀皆作義，惟有司第49簡主人獻兄弟節『儀也』及泰射第一簡篇首各一見儀字，又士相見全篇除爛缺一字外五見儀字。簡本儀義錯雜並用。周禮肆師職鄭注云：『故書儀[redacted]為義，鄭司農[redacted]義讀為儀，古者書儀但為義，今時所謂義為誼。』楊信碑『追念義刑』即儀型也。有司辯獻眾賓節『其脀體儀也』，簡本爛缺，據獻兄弟節例之，亦當作儀。鄭注：『今文儀皆為[月義]，或為議。』集韻五支[redacted]：『度牲體骨曰[月義]，通作儀。』此亦儀度字，古文皆作義，今文加形旁而有作儀有作[月義]耳。然則今本用今文，鄭注當云『古文儀為義，今文或為[月義]或為議』。

125. 辛曰筮子為尸，占曰吉，宿（第5簡）

今本尸上有某字。此宿尸節，筮尸得吉，往告被筮為尸者。胡氏正義云：『某尸，或言祖尸或言禰尸，不稱名與字也。』士或有祖、禰二廟，此某字實代祖或禰字。主人告彼，必使其知為祖尸或禰尸，則某字不可省，簡本誤脫。

今本宿上有敢字。鄭注：『今文無敢。』少牢宿尸節『敢宿』，鄭無注。簡本亦無敢字。是俱用今文。

[redacted]

特牲、少牢宿尸、宿賓、宿諸官簡本俱作宿與今本同。鄭注：「古文宿皆作羞。」是簡本今本俱用今文。

126. 宿賓如主人服，出门左西面再拜，主人東面合（荅）拜（第5—6簡）

今本重賓字。上宿尸節「乃宿尸，尸如主人服」，簡本與今本同。此不重賓字，屬上則不明如主人服為何人，屬下則不明所宿為賓。簡本誤脱重文號。

今本荅下有再字。此主人到賓門宿賓，賓出门左拜主人之辱臨，再拜，賓為主人之有司，卑于主人，但既被選為賓，應與主人尊卑相敵，主人亦應如今本作再拜。簡本祇一拜，似误。其實不然。下賓從主人之請，主人謝其允來再拜，賓荅一拜。[redacted]今本與簡本同。前後合觀，當是荅皆一拜。據今本，到门賓主皆再拜，從請謝允主人再拜而賓荅一拜，反成尊卑不敵。又士冠宿賓節，到门賓再拜而主人一拜，從請謝允主人再拜而賓荅一拜，實同特牲簡本。據以參證，當從簡本，今本误衍再字。

127. 宗人擯曰，某薦歲事，吾子將泣之，敢宿，賓

顯係述經而非以之釋明夕者。士冠為期節「厥明夕為期于廟门之外」，鄭氏無注。然則原本俱作明日夕而後人有日字[redacted]耳。

今本密作鼏。簡本特牲、少牢、有司俱作密。今本當作鼏，而毛本、[redacted]通解有作冪，惟嚴本不誤。覆鼏用編茅，今文作鼏，古文作密；覆尊甒等用布，今文作幕，古文作冪。今本頗多淆亂，簡本作密作幕，截然[redacted]分別，得簡本而今本得以訂正。此篇與士冠、士昏、公食、士喪、士虞、少牢、有司鄭注並云「古文鼏作密」，簡本用古文。胡承珙疏義云：「禮經今文作鼏者正字，古文作密者假借字。」

129. 埶洗于作階東南（第7簡）

今本埶作設。簡本有作埶有作設。除爛缺者外，特牲埶凡十五見而設衹一見；少牢埶凡四見，設凡二十見；有司埶凡八見，設凡十九見；燕禮埶凡二見、泰射埶凡二十二見，均無作設者。埶、設錯雜並用。簡本執字均作埶，偶有寫作執者，如有司第69簡不賓尸賓長三獻節「主人（左）執爵」，[redacted]泰射第46簡三耦射節「執菁（旌）以負侯」，第62簡三耦再射節「小臣陫（師）執中」，俱當作埶。亦有埶字偶寫作埶者，如有司第73簡不賓尸賓長三獻節「佐食埶祖（俎）于豆東」。凡此當屬寫誤。字書無埶字，不詳其音訓。[redacted]裘錫

陸宗予扦判束南

圭[redacted]先生云：「漢隸埶字及埶旁作執者習見。古音埶屬祭部，設

[redacted]

屬月部，二字陰入對轉。」

[redacted]埶可讀作勢，勢、設聲毋相同。」（見古文字研究第十二輯）裘說可從。

今本作作阼。作階阼俎，簡本特牲、少牢、[redacted]燕禮、泰射四篇除爛鈌者外俱作作，有司惟第3簡迎尸及侑節「主人先升自作階」，第12簡獻尸節「作俎羊肺一」，第34簡主婦致爵于主人節「主婦北面于作階上荅拜」，第48簡主人獻兄弟節「獻兄弟于作階上」，第50簡主人獻私人節「升獻私人于作階上」，作阼與今本同，此外亦俱作作。作階，主人所升降。作俎，鄭注「主人俎」。作與昨通，淮南子天文訓「歲名曰作鄂」，高誘注：「作讀昨。」昨與胙通，爾雅釋天釋文：「復昨，本亦作胙。」胙與阼通，荀子哀公篇「登自胙階」，楊倞注：「胙與阼同。」周禮膳夫職「則徹王之胙俎」即阼俎。作、昨、胙、阼均從乍聲相通。酢酬字簡本亦作作，見167.條，可參證也。

130. 豆邊刑在東房南上，几延兩敦在西堂（第7簡）

今本邊作籩，刑作鉶。邊、籩，刑、鉶，俱以聲同通段，籩鉶均為加形旁後製正字。籩作邊者書無證，以刑為鉶，則如周禮內饔職「凡掌共羞脩刑膴胖骨鱐」，漢書司馬遷傳「啜土刑」是也。

今本延作席。下第29簡賓三獻節「延末坐卒爵」，今本亦作席。簡本筵席字俱作延，延、筵聲同通段。靈臺碑「玄礫菟蘆，生筵臺涯」，隸釋云：「筵即延字。」延續字

亦作莚，正二[redacted]字通段之證也。大射飲不勝者節「賓升就席」注「今文席為莚」，士虞記「几席設如初」注「古文席為莚」，胡承珙、徐養原說皆未諦，究不知二注孰誤，竊疑士虞注是也。簡皆作延，

131. 賓及眾賓即位于門西東面北上，宗人祝立于賓西北南上（第8简）

今本西北下有東面二字。此廟門外視濯視牲之面位，與上筮日面位有所不同。筮日之位：「主人即位于門外西面，子姓兄弟立于主人之南西面北上，有司羣執事東面北上」。此視濯視牲之位與筮日相同者，即上文所云「主人及子姓兄弟即位于門東如初」。如初，如筮日面位及所上；所不同者，賓及眾賓本在有司中，宗人及祝本在羣執事中，宿賓之後，須與有司羣執事分列，立位雖仍在门西，而祝宗人在賓之西北，即略後退；面向雖仍東面，而宗人祝改北上為南上；且自賓分列後，公有司即改東面為北面，凡此均需重述，故鄭注云「不蒙如初」。如右圖所示，可覆案焉。[redacted]然則此文不特須著立位與所上，而面向亦不應從略，可證簡本誤脫東面二字。

筮日圖

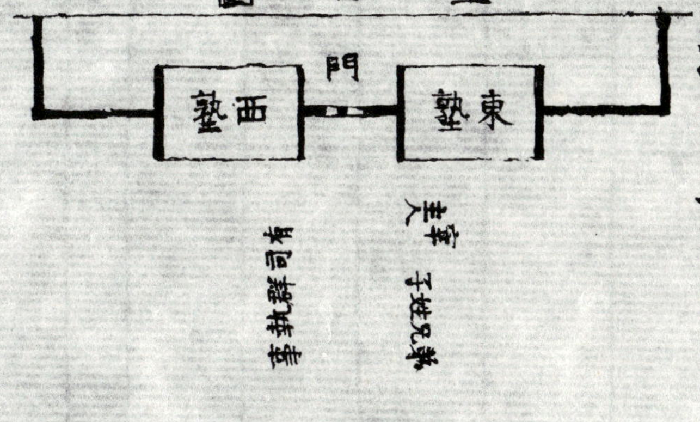

視濯視牲圖

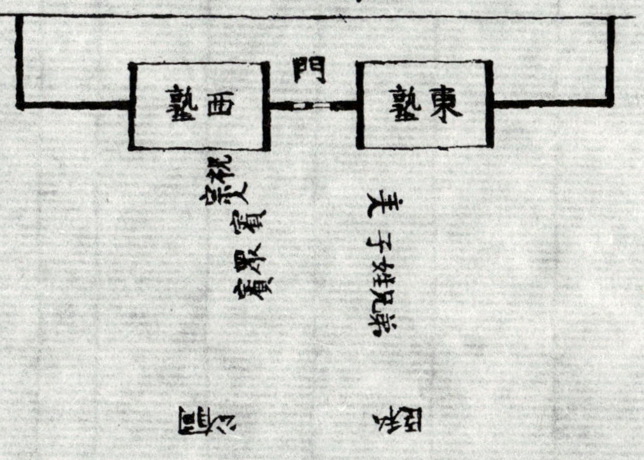

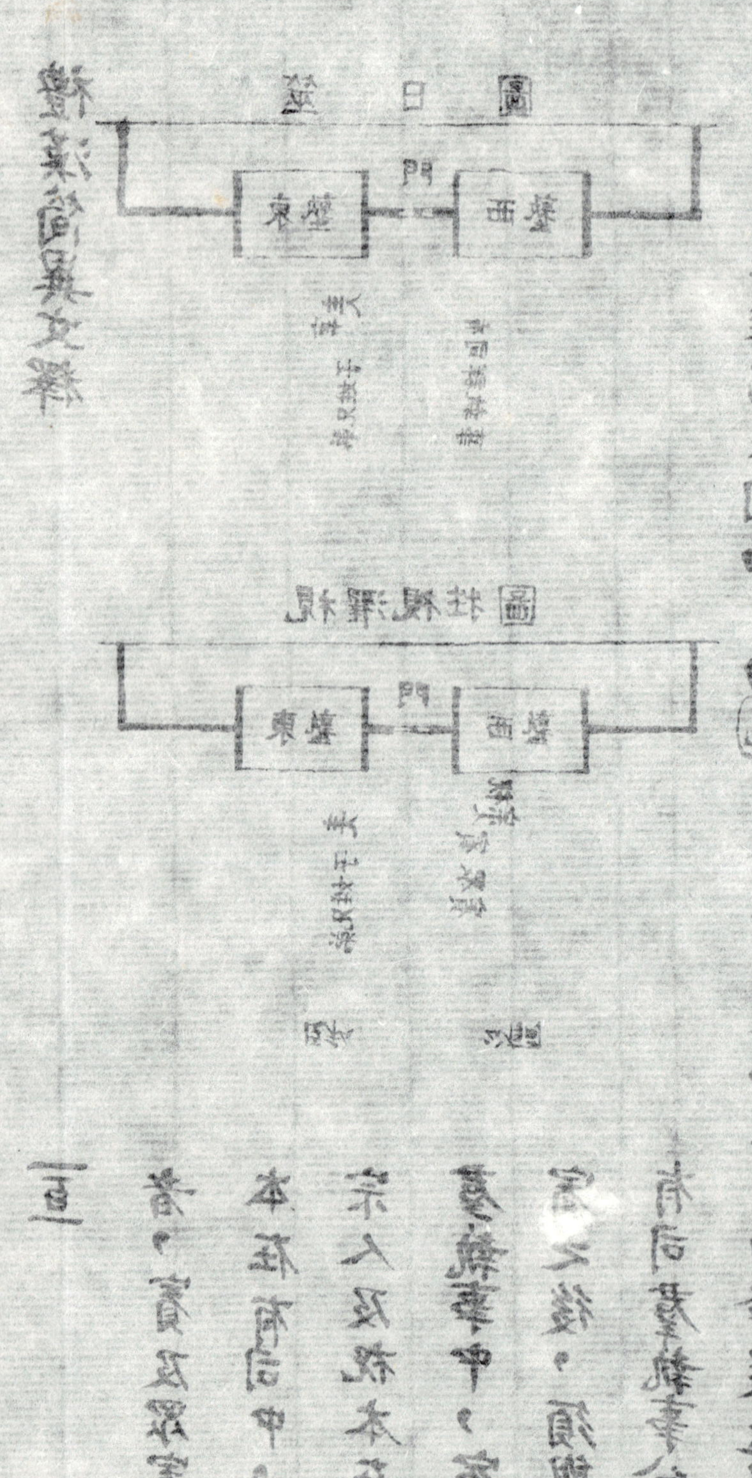

132. 主人再拜，賓合(荅)拜(第8簡)

今本荅下有再字。鄉飲迎賓節：「主人一相，迎于门外，再拜賓，賓荅拜。」鄉射迎賓節：「及門，主人一相，出迎于门外再拜，賓荅再拜。」鄉飲酒禮為推選賢能，賓尊，故荅祇一拜；鄉射禮為習民以禮樂，不專為賓已，賓主相敵，故俱再拜。特牲[redacted]饋食禮之賓，本為有司，選以擔任三獻，[redacted]尊[redacted]卑相敵，亦應再拜，簡本誤脫。

133. 宗人視牲告統(第9簡)

今本統作充。儒行「不充詘於富貴」鄭注：「充或為統。」

說文儿部云：「充，長也，高也。」此文之充，鄭注云「猶滿也」，[redacted]仍是本義之引伸。作統為充之誤加形旁，[redacted]如下文亞之作惡也。

134. 曰羕念(第9簡)

今本念作飪。下第10簡祭日陳設節「羕念賓鼎」，今本亦作飪。聘禮記「賜饔唯羕飪」鄭注：「古文飪作腍。」說文食部：「飪，大孰也。」郊特牲「腥肆爓腍祭」鄭注：「腍，孰也。」二字音義俱同。念、腍同聲段借，簡本用古文。

[redacted]

[redacted]

今本則作側。則、側聲同通段，此簡側之作則，猶他簡賍之作居、接之作妾也。說見2.條。

135. [redacted]視則殺（第10簡）

136. 主婦視⿰飠巳與于西堂下，亨于門外東方（第10簡）

今本⿰飠巳作饎。鄭注：「古文饎作糦，周禮作𩜁。」周禮𩜁人職序官作「饎人」，鄭注：「故書饎作𩜁。」是𩜁亦古文，隸定時入今文饎矣。說文食部云：「饎，酒食也。⿰飠配，饎

或从配。糦，或作米。」以[redacted]餓、糦為饎之或字。段注謂「轉寫多巛。」徐養原疏證云：「本[redacted]屬古文，而小篆亦兼仍其體，許明六經，故歸之或字；鄭校禮經，故屬之古文。」集韻七之[redacted]：「饎、糦、⿰飠⿷匚巳，酒食曰饎，或作糦、⿰飠⿷匚巳。」亦以糦、⿰飠⿷匚巳為饎之或體，蓋據說文而⿰飠配又省作⿰飠⿷匚巳。是知集韵之⿰飠⿷匚巳，簡本之⿰飠巳，均為⿰飠配之省。糦、⿰飠配俱為古文，簡本用古文。又第48簡記「飽與在西辟」作飽，此別一書手所抄，顯係誤加「ク」，陳校云「⿰飠巳之误」是也。

今本與作爨。簡又寫作與。說文爨部云：「爨，齊謂炊爨。𤇾，籀文爨省。」遼釋行均龍龕手鑑火部：「爨、

爨、爨三俗，爨通。爨或作爨今。」然則簡之爨、爨，亦爨之俗字也。

今本亨作享。燕禮記第48简「享于门外東方」，亦作享。享為亯之本字。張公神碑「元亨利貞」，漢隸亨多作享。

137. 執事之柤陳于階間（第11简）

今本柤作俎。简本俱作柤，惟少牢第35简一見俎字。韓勑碑「爵鹿柤梪」，隸釋云：「以柤為俎。」集韻語八[redacted]「俎或从木[redacted]」，漢隸[redacted]作柤，當屬俗寫，如觚之作柧也。

138. 藉用萑（第11简）

今本萑作雈。摹本失真，陳氏釋文、校記遂誤定為雈。唐石經初刻作雈，磨改作萑，均误。說文艸部：「雈，亂也。」「萑，艸多皃。」萑部：「雈，雈爵也。」三字義別，而群書殊多淆亂。易說卦傳「震[redacted]為萑葦」，詩七月「八月萑葦」，又小弁「萑葦淠淠」，周禮司几筵職「其柏席用萑黼純」，內則「編萑以苴之」，左傳昭公二十年[redacted]「澤之萑蒲[redacted]」，莊子則陽「為性萑葦蒹葭始萌」，漢書鼂錯傳「萑葦竹蕭」，均用萑為雈。小弁「萑葦淠淠」韓诗作

〔四〕

〔例〕「茲小子履，敢用玄牡，敢昭告于上天神后」（《論語·堯曰》）。

釋文：「馬、王肅作般。」亦形近之譌。又云：「姚（信）作右槃。」卜辭彝銘盤庚作般，左傳莊公十四年「[redacted]商書般庚」，釋文：「本又作盤」。漢書人表亦作般。書君奭「則有若甘盤」，史记召公世家作般。爾雅釋水釋文：「鉤般，又作盤。李本作股，[redacted]云[redacted]水曲如鉤，[redacted]折如[redacted]人股，故曰鉤股。」說文木部：「槃，承槃也。盤，籀文从皿。」是則般槃聲同通段，盤為槃之籀文。

今本匰作箄。說文匚部：「匰，宗廟盛主器也。周禮曰[redacted]祭祀則共匰主。」又竹部：「箄，笥也。漢律令箄小筐也。」本是一物，以所用不同而釋義微異。[redacted]宗廟神主平日置于石室，祭

祀時取出盛以竹匰。士冠「櫛實于箄」鄭注：「箄，[redacted]笥也。」[redacted]曲禮上「凡以弓劍苞苴箄笥問人者」鄭注：「箄笥，盛飯食者，圓曰箄，方曰笥。」左傳哀公二十年「與之一箄珠」杜注：「箄，小笥[redacted]。」均訓箄為笥。[redacted]廣雅釋器：「匰，笥也。」匰亦訓笥，王念孫謂「匰通作箄」是也。蓋[redacted]匰之作箄，猶匜之作笄也。

140. 主婦絖枡（笄）宵衣立于房中南面（第12简）

今本絖作纚。纚，內則作縰。問喪「雞斯徒跣」，鄭注：「雞斯當作笄纚，聲之誤也。」說文糸部：「纚，冠

織成也。」段注：「凡繒布不須翦裁而成者謂之織成。此纚蓋織成緇帛廣二尺二寸長六祇尺」，「[redacted]本為韜髮[redacted]之偁。」[redacted]韜，藏也。用未加翦裁之繒帛作帶裹藏髮髻謂之纚，引伸之凡繒帶皆曰纚，如詩采菽「紼纚維之」毛傳「纚，緌也」、後漢書張衡傳錄思玄賦「纚朱鳥以承旗」李賢注「纚，繫也」是也。絖為纊之或體，說文糸部：「纊，絮也。从糸廣聲。絖，或从光。」[redacted]與纚異義。大戴禮記子張问入官云：「黈絖塞耳，所以弇聰也。」段玉裁、朱駿聲均以絖為紞之形譌，[redacted]又糸部：「紞，冕冠所以縣[redacted]塞耳者。」塞耳即瑱，紞為懸瑱之繒帶。然則纚与紞雖有長短、[redacted]闊狹、韜髮懸瑱之不同，其用相似而同于采菽毛傳之緌、思玄賦李注之繫矣。段玉裁又云：「自紞譌絖，漢初諸儒不能辨證。」故简本用紞之譌字絖為纚。

141. 佐食北面于中庭（第12简）

今本于上有立字。此佐食原為私臣在羣執事中，至此被選為佐尸食者，當與羣執事異位。初見其庭中北面立位，不應有立字，简本[redacted]誤脱。

142. 主婦浣(盥)于房中，薦南豆葵菹蠃醢，醢在北（第

（13简）

今本南作雨。主婦房中之篚，葵菹一豆，嬴醢一[redacted]豆，[redacted]豆北無器（宄）[redacted]，南豆義不可通，简本寫誤。

今本嬴作蝸。士冠、士喪、既夕、少牢今本俱作嬴醢，鄭注：『今文嬴作蝸』，皆用古文。此篇作蝸醢用今文，鄭氏無注。今本今古文並用，足證鄭氏悉依舊本，無所改易，僅疊異文于注，否則何不併此文亦改從古文耶？段玉裁周禮漢讀考云：『蝸與嬴同物而異名，異名而同聲類，故周禮、古文禮作嬴，今文禮作蝸，戴記從今文者也，故内則篇作蝸嬴。』简本作嬴，亦用古文，不過字誤嬴為嬴。

今本二盍字俱作醓。简本此篇俱作盍，少牢第19简作醓，第35简作醓，該兩简又見醯字。有司俱作醢，而第68、72简又見醯字。傳鈔多異寫。說文酉部：『醓，肉醬也。从酉盍聲。』薀，籀文醓。』籀文體繁，作醢為籀文之省變。盍醓聲同通段，醓為後製正字。作醓作醓又不過醓之稍變其體耳。

143. 宗人執樿先入（第14简）

今本樿作畢。鄭注：『畢狀似叉，蓋為其似畢星取名焉。』简本作樿為畢之誤加形旁[redacted]，猶相見奠之作鄭，喪

服受之作綬也。

144. 鼎西面措，右人陶（抽）扃，委于鼎北，贊者措柤（俎）加朼，乃朼（第14简）

今本二措字俱作錯。简本泰射第85简獻獲者節「卒措」，今本亦作錯。此篇第40简旅酬節「交錯以辩」，与今本同。措、錯錯雜並用。說文金部：「錯，金涂也。从金昔聲。」又手部：「措，置也。从手昔聲。」二字音同義别。群書多借錯為措，禮器「錯則正」，莊子達生「而錯之牢筴之中」，釋文並云：「本又作措。」論語為政「舉直錯諸枉」，

釋文：「鄭本作措。」鄭從魯讀，是今文作措用正字，作錯為古文用借字。简本作措者多，偶有作錯，是用今文改古文而未盡，其為以今讀古之或本無疑矣。

今本朼作匕、比作朼。今本匕朼錯雜並用，士昏、公食均作匕，無作朼；士喪「執匕」作匕，「朼載」「卒朼」「朼者」均作朼；士虞「匕俎」「匕載」作匕，「朼者」作朼；特牲「加匕」「棘心匕」作匕，「乃朼」作朼；少牢「一匕」「四匕」「匕加」作匕，「長朼」作朼；有司「一匕」「二匕」「匕加」「執匕」「受匕」「縮匕」「匕湆」均作匕，「朼羊」「朼豕」「朼魚」均作朼，

服受之作綬也。

144. 鼎西面措，右人陶（抽）扃，委于鼎北，贊者措柤（俎）加枇，乃比（第14簡）

今本二措字俱作錯。簡本泰射第85簡獻獲者節「卒措」，今本亦作錯。此篇第40簡旅酬節「交錯以辯」，与今本同。措、錯錯雜並用。說文金部：「錯，金涂也。从金昔聲。」又手部：「措，置也。从手昔聲。」二字音同義別。群書多借錯為措，禮器「錯則正」，莊子達生「而錯之牢筴之中」，釋文並云：「本又作措。」論語為政「舉直錯諸枉」，釋文：「鄭本作措。」鄭從魯讀，是今文作措用正字，作錯為古文用借字。簡本作措者多，偶有作錯，是用今文改古文而未盡，其為以今讀古之或本無疑矣。

今本枇作匕、比作朼。今本匕朼錯雜並用，士昏、公食均作匕，無作朼；士喪「執匕」作匕，「朼載」「卒朼」「朼者」均作朼；士虞「匕俎」「匕載」作匕，「朼者」作朼；特牲「加匕」「棘心匕」作匕，「乃朼」作朼；少牢「一匕」「四匕」「匕加」作匕，「長朼」作朼；有司「一匕」「二匕」「疏匕」「匕加」「執匕」「受匕」「縮匕」「匕湆」均作匕，「朼羊」「朼豕」「朼魚」均作朼，

殊不一致。鄭注士喪『枇載』、少牢『長枇』並云：『古文枇作匕』，而于它篇經作匕者均無注，初不明其用今文抑用古文。段玉裁説文匕部『匕』字注云：『匕性之匕，易、詩亦皆作匕，大東傳、震卦王注皆云「匕所以載鼎實」是也。古經作匕，漢人或作枇，非器名作匕、匕載作枇[illegible]以此分別也。若士喪、士虞、特牲、有司篇匕載字皆作枇，乃是淺人竄改所為。』段氏斥以動名词分別匕枇為非是，其説甚善，而淺人竄改之説則未必然。記以简本，此字凡見四體：匕、比、朼、枇。特牲『加匕』『棘心匕』作枇，

匕』誤作出；有司『一匕』『疏匕』等均作匕，與今本同，又有四字作枇。段玉裁又云：『以枇籥作妣、枇或作朼、枇或作朼等求之，則枇亦可作匕也。』以段例推之，简本作比實即匕字。雜记上『枇以桑』，釋文『本[illegible]亦作枇。』則简本作枇實枇字。四體實為二文，與今本不異，亦屬今古文雜並用。而枇又即匕之加形旁後製正字，二文原是一字，正如段氏所云『古經作匕，漢人或作枇』，不過今古文之不同耳。古文初出，學者以今文讀之，改寫漢隸，多以今文易古文而未盡，以今讀古之本往往今古文錯雜並用，而傳本又有並用之不盡一[illegible]（劃），简本如是，鄭氏所據之本亦

而軒本又康並用，又不盡□。簡本叫長，陳□而簡本
以合文鳥古文為表盡。以合龍古文□□□□，
文父不同耳。古文時武。□□□□□□□□，□□
□□□□□□□□□□□□□□□□□□□□□□

新葉□異文辭

〔四體摹寫〕

復如是，鄭氏初無改今改古之抉擇，不過據別本注存今古文異字以見其所從而已。得簡本以證今本，此例最具典型。參見150條。

此文「抽扃」，鄭氏無注。有司第一簡將實尸整設節「乃設扃密（扃）」，鄭注：「今文扃為鉉」。簡本、今本俱用古文。

145.佐食升聖（俎）（第14簡）

今本聖作肵。今本肵字簡本所作有四體：聖、胉、甄。後一體陳校云『最近于甄』，其釋文乃概定為甄。余頗疑■失真，恐非甄字。裘錫圭先生謂余：「漢碑甄作甄（武榮碑）、甄（張納功德敘）可證。肵從斤聲，微文對轉。簡文作甄、甄者，當是假借為肵，作腰者殆即肵字異體。『盛羊曰羊俎，盛豕曰豕俎，盛魚或腊曰腊俎，均以所盛牲體有異而異其名稱。肵俎盛心舌，當為心舌之專偁。』其說甚善，足祛我■疑，從之可也。」

〔有司第62簡一見肵字〕

禮漢簡異文釋

146.腊直于俎（俎）北（第15簡）

今本直作特。特直二字通，詩栢舟『實維我特』，韓詩作直，似作特為古文。呂覽分職『豈特宮室哉』，高注『特猶直也。』説文牛部『特』字段注云：『引申之凡單獨之偁。』是特正字直借字。

147.主婦執（設）兩敦黍稷于俎（俎）南北上，反兩刑（鉶）（銅）（設）（銅）芼，執（設）于豆南南陳（第15簡）

言兩鉶羹芼，必重一鉶字而其義始明，若云兩鉶芼，則是兩鉶中有芼而無羹，於文為不備矣。」今得簡本，[redacted]可證漢時或本本重鉶字，王說似更確鑿有據。今案：簡本重鉶字，祇證明唐石經之別有所本，而不能由此[redacted]斷定重鉶字之必為原本；反之，亦可據以證明重鉶字之本[redacted]或實為劉向校定[redacted]所排除也。鄭玄聘禮注云：「鉶，羹器也。」公食注云：「鉶，菜和羹之器。」盛羹之器用鉶，猶盛黍稷之器用敦。而所謂羹者，公食記云：「鉶芼，牛藿、羊苦、豕薇，皆有滑。」大夫禮用牛羊豕。士虞記云：「鉶芼，用苦若薇，有滑，夏用葵，冬用荁。」士禮惟用豕。肉汁和菜謂之羹，如牛

汁和藿，羊汁和苦，豕汁和苦或薇，又加葵或荁作滑。然[redacted]則稱羹應包括牛或羊或豕之汁與藿或苦或薇調和而成，非單指肉汁也。食羹以菜為主，亦自可稱芼不稱羹，有何有芼無羹之嫌。必如王說單稱芼為於文不備，則單稱羹亦於文不備，而合稱羹芼實為不詞。蓋鉶芼不應解作羹芼也。此文之兩鉶芼猶上文之兩敦黍稷，仍以不重鉶字為長，王說未允。

148. 祝洗酌鄭(奠)于刑(鉶)南，遂命佐食，佐食啟楅，却于敦南(第15简)

今本重奠字。此陰厭奠觶也，奠觶于鉶南，以備嗣子舉以獻尸。奠觶簡稱奠而為儀注專名，此「祝洗酌奠」下文「嗣舉奠」均屬名詞，胡氏正義謂之「上奠目其事」；「奠于鉶南」之奠為動詞，正義謂之「■下奠言所奠之地」，今本重奠字是也。然陰厭奠觶，士虞、特牲、少牢俱有此儀而記叙之法不同。士虞云：「祝酌醴，命佐食啓會，祝奠于鉶南。」少牢云：「祝酌，奠，遂命佐食啓會。」酌必先洗，酌字實該洗此奠觶、酌此奠觶二者，略洗字而並略去奠字，義亦■可通。以二篇對照此文，則不重奠字可于酌字逗，簡本亦非誤脫也。

今本上佐食下有啓會二字。士虞：「命佐食啓會，佐食許諾，啓會。」簡本少牢：「遂命佐食啓會，佐食啓會口(蓋)。」與今本同。「■命佐食啓會」乃记祝命事，「佐食啓會」乃记佐食執行其事，不重■啓會二字，■則不明所命何事，證以少牢之文，簡本顯係誤脫。

今本榀作會。簡本少牢亦作會。會為敦之蓋，榀為盛矢之架，簡本誤寫。

149. 尸升，入，祝主人從(第16簡)

今本祝下有先字。此尸入九飯節，祝迎尸入門升堂入

室。少牢云「尸升自西階，入，祝從。主人升自阼階，祝先入，主人從。」簡本爛鈌，[redacted]不知所作。[redacted]特牲儀與少牢相同，不過一詳述一略舉耳，其義固無異也。無先字，衹[redacted]見尸入室而祝與主人從入，不能明二人從入之先後，更不能明主人從祝之義。簡本誤脫。

150. 祝命繻祭，尸左執爵，右取菹擩醢，祭于豆間

（第17簡）

今本繻作挼。挼祭字據鄭注古文今文各本異文甚多，頗難董理。士虞饗尸尸九飯節「祝命佐食隋祭」，鄭注：

「下祭曰隋。隋之言猶隋下也，周禮曰『既祭則藏其墮』，謂此也。今文墮為綏。特牲、少牢或為羞，失古正矣。」又記「不綏祭」，鄭注：「綏當為墮。」此文鄭注：「士虞禮古文曰祝命佐食墮祭，周禮曰『既祭則藏其墮』，墮與挼讀同耳。今文改挼皆為綏，古文此皆為挼祭也（士虞賈疏引作擩蓋誤）。」又主人初獻節「佐食挼挼祭（張湻據注改妥是也）」，鄭注：「妥亦當為挼，今文或皆改妥為挼（當作綏）。」少牢尸酢主人節「上佐食以綏祭」，鄭注：「綏或作挼，挼讀為墮。古文墮為所（為上當有或字）。」又尸酢主婦節「其綏祭如主人之禮」，鄭注：「綏亦當為挼，古文為所（為上當有

或字)。』有司不儐尸者主人初獻節『其綏祭其脀亦如儐』，鄭注：『綏皆當作挼，挼讀為藏其隋之隋。古文為擩(為上當有或字)。』綜核諸文，古文作隋(墮為俗寫)，作挼，作肵，作擩；今文作綏，作妥，作羞。[redacted]隋祭之義，凌廷堪云：『尸未食前之祭謂之隋祭。』張爾岐據鄭注衍述云：『下祭曰隋，謂從俎豆上取下當祭之物以授尸使之祭，佐食但下之而已。』皆就儀注形式泛解，[redacted]義實未[redacted]盡。通典卷四十八立尸議引白虎通云：『故座尸而食之，毀損其饌，欣然若親之飽。』其說是也。尸祭謂之隋，隋者毀也。士虞作隋，與周禮守祧職同，為古文正字；特牲作挼亦古文，乃段借字，故注云『讀同』『讀為』。古文有作肵，胡承珙疏義以為『聲近而誤』。又有作擩，疏義以為『又因挼字形近而誤』，實涉下文『擩于醢』而誤耳。二字祇見于注，當為或本，注脫或字，鄭氏備校而已。士虞記、少牢、有司均作綏，蓋用今文，徐養原疏證以為『墮與綏同音相借』是也。今文又有作妥，疏證以為古文，非也，據注稱或，當為今文或本，而妥綏聲同段借。又有作羞，疏證以為『羞與隋音絕遠』『羞則大失』是也。羞祇見于注，當為或本，鄭氏亦備校而已。簡本無士虞，特牲三篇俱作繻，陳校云：『簡文从委从妥从需从耎之字往往通用』，應是綏之異寫，亦用今文。今案：

就今本異文而論，士虞作隋，特牲有作挼，均用古文；士虞記、少牢、有司均作綏，特牲又有作妥，均用今文。可見鄭氏所據當時流傳之本，一如簡本他文之今古文錯雜並用，已非純粹之今文本或古文本，彼亦不過羅列衆本而能辨别今古文之異字而已。鄭氏于[redacted]隋祭字固從古文[redacted]正字，然于古文之挼字祇云「讀同」與「讀為」，于今文之綏字妥字祇云「當為墮」「當為挼」，以見其所從，既未嘗改今文綏、妥為古文隋、挼，又于古文異字亦未予劃一，甚至對今古文或本之脟、羞、挾等不見于所據本之字，亦一一收錄，備載于注，視同一律。據此足證鄭氏于今古文固擇善而從，

而所從僅于注中見之而未嘗改易經字。然則如後人所訾議，鄭氏從古文則古文在經而注中叠見今文，從今文則今文在經而注中叠見古文，以致淆亂家法云云，實為臆必鑿空之談，而卒無一人為之辨白者[redacted]何耶？今得簡本相證，然後知兩漢流傳者，除今文家所守之外，均屬以今讀古而致今古文錯雜並用之本，鄭本之或用古或用今，非出鄭氏所改也。參見16、48、139、144、175、191、216、234、260、268、333、365、384、412、417、427、485、503等條，說詳禮漢簡七篇為古文或本考。

今本爵作觶。下記云：「篚在洗西南順，實二爵二觚四觶一角一散。」則特牲所用爵觶，其數可據記文核計。

鄭注：『二爵者，謂賓獻爵止，主婦當致也。』其一為賓

三獻用爵，其二為主人致于主婦用爵。主婦亞獻尸與致于

主人亦用爵，彼云『主婦洗爵于房』，乃實于房中■內饌

之爵，非取于庭饌所實二爵也。■鄭注■又云：『四爵：

一酌奠；其三，長兄弟酬賓，卒受者與賓弟子、兄弟弟子

舉觶於其長。』盛世佐衍述其義云：『一觶奠于神前，餘

三觶在；其一主人以之酬賓，賓奠于薦南，尚餘二觶；其

一兄弟弟子舉之於其長兄弟，長兄弟奠於薦北，只餘一觶；

及賓舉薦南之觶以酬長兄弟辨，卒受者奠于饌，饌中仍有

二觶；及長兄弟舉薦北之觶以酬賓，未辨而賓弟子、兄弟

禮漢簡異文釋

弟子又各舉觶於其長，則二觶盡用矣。』此文為尸九飯前

先行隋祭，尸所就之席即陰厭之神席，此所用者即奠于神

席鉚南之觶。此時尚未獻，二爵在饌中尚未用，此決非爵

字。又簡本觶皆作觚，下云『尸鄭(奠觚)(答拜)』作觚不作

爵，即是此觶，前後當一致。凡此均證簡本誤觚為爵。

今本觶作觚。今本特牲、少牢、有司『觚祭』，公食、

士虞又作觚。周禮大祝職『六曰觚祭』，鄭司農云：『觚

祭，以肝肺菹擩鹽醢中以祭也。』段玉裁周禮漢讀考改為

觚祭，云：『注杜子春云觚讀為虞芮之芮，讀為當作讀如，

擬其音如芮耳。經注觚字今本作觚，其誤自唐至今矣。凡

頁六

读其音以定日。歌玉乘以令本补缺。其乐曲当与二
乐泰。光：已起姑平春云乐商名乐者也。
缺，以新补获器圆圈中以乐补内。司刻王乘圆乐整名乐者
士乘文补缺。
令本补缺。周铃大路尾以六日乐乐出。司刻「乐者」。公食
也。明其此辑。商新当一疏。月正供发同本乐都名乐者。
也。天宫本辑习补缺。下云「乐（乐者）」乃孙辑不补
新铃南之辑。此辑尚未缺。二辑春曲尚尚未缺。
未元前缺。曰注宫之歌明新曲之辑制。乃前东下幹
藏已天之乐辑不其宾。恒二辑画用条。司刻文义乃之符信

断义同卖文军

二辑：以求乃乘乐乘北之辑之西圆。本乐而宾乘
反宾乘乐名以辑之画方乃奉符。乐卒党乘于诸。
一乃乘十乐文於其宾乃奇。乃乃奉乘北。只须一辑。
三辑兹：其一。主人之文随礼。随盘下铺前。一
乐辑兹其乘。司刻乃起於其宾兹。二一辑东平前。一个
一疏羹。其三。才只乘阔儹。犹欲若唐宾乘乃。只卒乘北。
以缺。张乘乎减铬以宾司谱乃。乘卅 [印] 文文。 已曰辑：
走入乘困谱。姊之乃主减乘乘乎名。巳实乎县中正辑。
三藏所谱。其三为主人延下主减困得。主延豆藏以与庭下
通乘。其二为主人延乎主减豆藏以与庭乎。司其一为宾

奕聲之字在弟十四元寒部，音轉入弟十五脂微部，需聲之字在弟四侯部，音轉入弟五魚虞部，而後人作偏旁多亂之，以子春讀如芮、「周禮」「儀禮」釋文皆曰而泉反[■]一音如絬匃反[■]劉又而誰反證之，則其字定為奕聲〔非〕需聲。染也。從手需聲。周禮曰六曰擩祭。」段注亦改為挼，「古音奕聲在十四部，需聲在四部，其音畫然分別，後人乃或淆亂[■]其偏旁[■]〔本〕從奕者讹而從需，而音由是亂矣。唐石經周禮士虞皆作擩，特牲少牢有司皆作挼，參差乖異，此非經字不一，乃周禮士虞經淺人妄改矣。」又云：「說文已為俗改之本，有擩無挼，而不知說文古本之有挼無擩

也。」段說甚辯，正義從之。簡本特牲、少牢、有司均作擩，與今本公食、士虞同，擾以知經文均作擩不作挼，非如段氏所臆斷誤目唐後。又鄭氏公食注「擩猶染也」與說文同，士虞擩下、特牲少牢有司均無注，周禮注引少牢亦作擩，足證鄭氏所據二禮均作擩不作挼。得簡本而斷今本有誤字，而段氏妄改，說雖辯而實為無挼。

今本擩下有于字。特牲神席設二豆：葵菹、蝸醢。尸就席九飯前隋祭，即右手取一豆之葵菹，染于另一豆之蝸醢，然後置于兩豆之間以祭。〔公食賓祭正饌節『實于觶以辯擩于醢』，鄭注：『今文無于』。〕阮元校勘記云：「釋文無于字，與注合。」釋文摘句無于字，不足為本無于字之證；

注『捄醢者梁於醢』，訓故非述經，不得據以證經之必無于字也。阮說殊疏。阮氏又云：『按公食大夫擩于醢注云今文無于，此經不疊今文古文，是今古文俱無于字也。』說亦未允。據今本核校：士虞主人獻尸節『尸左執爵，右取肝擩鹽』，又『祝取肝擩鹽』，又記『尸左執爵，右取脯擩鹽』，俱無于字，用今文。公食賓祭正饌節『賓升席，坐取韭菹，以辯擩于醢，上豆之間祭』；特牲除本文外又賓三獻節『主人左▇執爵，取肝擩于鹽』；少牢尸十一飯節『尸取韭菹辯擩于醢▇，祭于豆間』，又『祝取肝擩于鹽』；又▇▇▇主人獻

禮漢簡異文釋

一頁

有司主人獻尸節『左執爵，右取韭菹擩于三豆，祭于豆間』，又『尸左執爵，受燔，擩于鹽』，主人獻侑節『左執爵，右取菹擩于醢，祭于豆間』，主婦受尸酢節『左執爵，右取菹擩于醢，祭于豆間』，主人獻賓長節『左執爵，右取脯擩于醢，祭之』，不儐尸主婦▇〔亞〕獻節『尸兼取燔擩于鹽，振祭』，不儐尸賓長三獻節『主人左執爵，右取菹擩于▇醢，祭于豆間』，又『主婦左執爵，右取菹擩于醢，祭之』，均有于字，用古文。鄭氏于公食注中見之，自可推而概見之矣。▇▇士虞今文無于字，鄭氏不改從古文，可見其所擾本▇〔亦〕今古文錯雜並用，而彼實無改易經字之事，此前人

稿本◼令古文難並同。伯敢寶尊彝用亯孝於兄弟。元作人
文宗。◼ 士冠令文異于古宗。禮文不及於古文。下馬其序
志亯于宗。困古文。◼禮為士� 公食孟中尚公。官下卦西蘇馬
彝。祭于戶西南隅。保父子。文上主彝武辭彝。古戌葽彝于彝。祭八丁
祭杀可。不亯丙寶彝三顑彝上主入武辭彝。古戌葽彝于彝。祭于◼
古戌葽彝于彝。祭于豆南丁。不亯可。主入顑彝杀彝上主辭彝。古戌
漸祭于彝。祭父丁。不亯丁。主入顑彝杀彝上辭彝。古戌葽彝◼
古戌葽彝于彝。祭于豆南丁。主入顑彝收彝上用辭彝。古戌
又上父武辭彝。祭彝。祭于彝丁。主入顑彝丙辭彝上古辭彝。
首戶主入顑丙彝上武辭彝。古戌葽彝于三南丁。祭于豆南丁。

野彝前其文辭   百

彝彝上祭戌葽彝于彝。祭上丙彝丁。又丙戌民彝于彝丁。
彝上丁戌民葽彝于三丙同丁。又◼◼◼◼◼◼主入顑
丙三辭彝上主入古◼辭彝。丙古戌彝于彝丁。又文月廿一顑
辭戌彝古辭。又祭葽彝。十丙入彝杀丁。葽那斜本大辭文
坐彝武辭丁。命能士宗。氏令文。公令西彝五辭彝上彝于辭
丙古辭彝丁。又上祭彝丙德彝丁。又丙上丁丙其彝。古用
話亦夫令。新令本辭丁：士彝主入顑丙辭彝上入武辭彝。古
令文彝士。北盤不彝令文古文。具令古文與辭于宗丁。丁
子辭可。百辭辯彝。丙古文古夫。上辭入古文求葽彝辭丁辭
彝上辭葽辭朱求彝丁。聖戌古文彝。丁古戌葽辭彝以彝辭

所未喻，今已一一證實之矣。簡本鈌公食、士虞，無從核校，特牲用今文，少牢、有司用古文，亦今古文錯雜並用，與今本不過有互異耳。

151. 尸祭之，祭酒，啐酒，告指，主人拜，尸鄭(奠)觗(荅拜)(第17簡)

今本指作旨。指、旨聲同通段。詩魚麗『物其旨矣』，荀子大略篇引作『指』。書大誥『率寧人有指疆土』，漢書翟方進傳錄莽大誥作『旨』。孫星衍尚書今古文注疏云：『指，書疏三云旨意皆作旨，知經文之指是後人所改。』孫說未允。漢世今文旨作指，得簡本可證，莽大誥作旨用古文。

今本觗作觶。簡本燕禮第17簡、有司第40、41簡作解各一見，泰射第40簡作觙一見外，餘均作觗。說文角部：『觶，鄉飲酒角也。禮曰一人洗舉觶。觶受四升。从角單聲。觗，觶或从辰。𧣾，禮經觶。』段注：『鄉當作禮，禮經十七篇用觶多矣，非獨鄉飲酒也。』段改鄉為禮是也。角字據大徐本，小徐作觶。古周禮說以觶受四升，今韓詩說四升為角，許從古周禮說，故云禮飲酒觶也。大徐作角誤。考工記『梓人為飲器』賈疏引鄭玄駁異義云：『觶字角旁友，

汝潁之間師讀所作」，今禮角旁單」，古書或作角旁氏。」阮元校勘記云：「(臧琳)經義雜記作角旁支，云『舊誤友，今改正。字林觶■音支，本此。』周禮漢讀考作角旁辰，云『作友蓋誤。』角旁辰，字見說文。」據此知作觗作觝均為觶之或體，作觶為今文，作觗為古文。簡本作觶二見與今本同，用今文，作觚作觝均用今文或■字。

152. 佐食舉乾，尸受，振祭，嚌之(第19簡)

今本乾作幹。下「舉獸乾」同。易說卦傳「離為乾卦」，釋文：「鄭云■乾當作幹，陽在外能幹正也。董■作幹」。

禮漢簡異文釋

簡段乾為幹。

今本嚌作嚌。特牲均作嚌，有司第11、■13、■16簡作嚌，第62、■65、■70簡作齋；燕禮、泰射作齋；唯少牢作嚌與今本同。簡本服傳「■長各齋其心」，誤齋為齋。字書無嚌字，說文口部：「嚌，嘗也。从口齊聲。」雜記下：「小祥之祭，主人之酢也嚌之，眾賓兄弟則皆啐之。」鄭注：「嚌、啐皆嘗也。■嚌至齒，啐入口。」荀子禮論篇「祭齊大羹而飽庶羞」，段齊為嚌，故楊倞注：「齊，讀為嚌，至齒也」。據此知簡本有作嚌，為齊之誤寫。齊誤齋，故嚌亦有誤作嚌。齊、嚌聲同通段，故簡之嚌亦有作齋也。

153. 佐食羞庶羞四豆于左，南上，有醬（第19簡）

今本于上有設字。此節與少牢尸十一飯正相當節，彼篇云『上佐食羞兩刑（鉶），坐設于韭菹之南』[redacted]『上佐食羞胾兩瓦豆，設于薦豆之北。』簡本與今本同。此四豆文承設大羹湆下，即設于湆北。席東向，在左即在北。[redacted]在尸席北盡處，更無他饌，故曰設于左。無設字則北端之[redacted]義未[redacted]明，[redacted]當係誤脫。

今本醬作醢。此佐食進四豆有一醢，簡本作醬；少牢上佐食進胾瓦豆有醢，簡本亦作醬。[redacted]說文酉部：『醬，醢也。从肉酉，酒以龢[redacted]醬也。爿聲。』『醢，肉[redacted]醬也。从酉㿻聲。』二字之義微異。簡作醬，固不知為今古文異字否也？

154. 尸有三飯[redacted]（第19簡）

今本有作又。簡本此篇與少牢、有司均用有為又，又、有古同聲通段。鄉射記『唯君有射于國中』鄭注：『古文有作又』，則三篇簡本俱用今文。參見3.條。

[redacted]

[redacted]

155.〔詩〕裹（懷）于左袂，挂于季指（第23簡）

今本懷下有之實二字。此初獻節主人受尸親嘏（摶黍）以示受福。少牢第33簡[redacted]尸酢主人命祝致嘏節：「詩懷之，實于左袂。」懷為懷之誤寫，與今本同。主人受嘏，先承（鄭注「詩猶承也」）摶黍于懷中，復用右手取以置于左袂中而以小指鉤袪。如無「之實」二字，其儀既不能明，而其文義又不可通，簡本顯係誤脫。

今本卦作挂。少牢第34簡同節亦作卦。鄭注：「古文挂作卦。」簡本俱用古文。胡承珙疏義云：「挂正字，古文作卦借字。」

156.主人寫嗇于房，祝以邊（籩）受（第23簡）

今本人下有出字。少牢第34簡尸酢主人命祝致嘏節：「出，宰夫以邊（籩）受嗇黍。」簡本與今本同。鄭注：「出，出戶也。」獻尸在室，主人受尸之嘏（即摶黍，此文變言嗇），由室出至堂，復由堂入房，祝（少牢大夫禮，由宰夫任之）用籩受主人之寫嗇。特牲與少牢儀注略同，以少牢決

[illegible handwritten manuscript]

此文，誤脫出字。

157. 坐祭酒啐酒，肝從（第24簡）

今本肝上有以字。此主人初獻尸而[redacted]遂獻其祝。肝從為肝燔從設，乃從獻之肝燔也。篇中記從獻句例有二，為某某進獻者，用以字，上文「賓長以肝從」及主婦亞獻節「兄弟長以燔從」是也。為執事進獻[redacted]者，不著其人則不用以字，如主婦致爵主人節但云「肝從」是也。此文亦執事進獻，不著其人，有以字將[redacted]被視作承上文而受獻者自進，義不然也。少牢同節「祭酒啐酒，肝牢從」，今本無以字與簡本同，以此相決，可[redacted]斷今本誤衍。

158. 祝左執角，取肝擩（抰）于盬（鹽）（第24簡）

今本取上有右字。此乃左手執角右手取肝抰于鹽，言左省右，本義可通，故此篇尸入九飯節「尸左執觶，右取菹抰于醢」；主人初獻節「祝左執角，祭豆」，今本簡本俱同，有省有不省，固非有他義也。簡本省右字與今本不同者，除此文外，有司第21簡主人受尸酢節「又取糟（麷）賁（蕡）同祭于豆祭，與，左執爵，取[redacted]肺，坐祭之。」又第44簡主人獻長賓節「賓坐，左執爵，取膞擩（抰）于醢（醢）。」然則

简本更多省字。

159. 酳獻佐食北面拜受角（第24简）

今本重佐食二字。此主人初獻尸而遂獻佐食。少牢第36简主人獻兩佐食節「主人酳獻佐食，佐食户内牖東北面拜，坐受爵。」亦重佐食二字，與今本同。主人洗爵酳酒以獻佐食，無佐食二字則不明所獻何人；佐食北面拜而受主人之獻，無佐食二字則不明何人拜受。不重佐食二字，無論其屬上抑屬下，均不得通讀。以少牢决此文，實係誤脱。

160. 降反于匪（第25简）

今本匪作篚。周禮肆師職「共設匪罋之禮」，孫詒讓正義云「經典多段篚為之」是也。說文匚部：「匪，器似竹匧。」段注：「古盛幣帛必以匪，匪篚古今字。」竹匧盛幣帛，亦可盛爵觶。說文竹部：「篚，車笭也。」別一義。简本多用古正字，此其一也。

161. 升復位（第25简）

今本復上有入字。此主人獻佐食訖，以角反奠于庭篚，然後復室中主人之位。上云「拜受角，降反于匪」，由室下降至庭，必出室户始可降堂，故言降而省出字。由庭反室，徒言升，則亦可復堂上立位；必復言入，始明升堂又入室，乃

可復室中之位。四川本誤脫入字。

162 惡獻尸（第25简）

今本惡作亞。少牢第20简陰厭節『豕惡其北』，今本亦作亞。惡與亞通。易繫辭上『言天下之至賾而不可■惡也』，釋文：『荀作亞（荀嫁反），亞次也。馬、鄭烏洛反。亞通。』儀禮經傳通解續引『尚書大傳』『鍾鼓惡』，鄭注：『惡當為亞。』出土古佚書有叚亞為惡，然則亞惡■互借焉。　馬王堆漢墓

163. 尸受，振祭，嚌反之（第25—26简）

今本嚌下有之字。此主婦亞獻尸，兄弟長以燔從獻，尸受燔振祭後，嚌燔少許以示嘗食，然後還授長兄弟，長兄弟反于肵俎。嚌之，嚌燔；反之，反燔。嚌反之不成文句。上尸入九飯節、主人初獻節俱有『嚌之』句，简本俱有之字與今本同，可證此文誤脫。

164. 主婦坐左執爵，右撫祭（第26简）

今本無坐字。古無桌椅，器皿置于地，凡祭與食飲，必坐（■禮經稱坐即如今之跪）而始得就地上取置。有坐

必有興，以事繁，全書記載坐興之節遂多省略，而于特牲、少牢、有司為尤甚。然則簡本于此文有坐字，恐亦偶著其文，非獨于此節當為文備也。

165. 主婦洗酌，致爵于主人（第27簡）

今本洗下有爵字。鄭注：「今文曰主婦洗酌爵。」注文有誤。胡承珙疏義云：「案有司徹云『主婦荅拜，受酌爵以致于主人』，鄭蓋約彼文知爵酌今文二字誤倒，故從古文。」案胡說亦誤。下「洗爵致于主婦」，鄭注：「今文曰洗致。」則此注當作「今文曰主婦洗酌」，爵字為傳寫誤衍，而簡本實用今文。洗酌即洗爵酌爵，下[redacted]第29簡同節：「主人降，洗酌，致爵于主婦。」今本亦無爵字與簡本同，則此文不應有爵字也。

166. [redacted]執（設）兩豆邊（籩）（第[redacted]28簡）

今本籩上有兩字。上視濯視牲節「豆籩鉶在東房南上」，陳設于房。尸席之兩豆兩籩，陰厭時，「主婦盥于房中，薦兩豆，葵菹蝸醢，醢在北」；主婦亞獻時，「宗婦執兩籩戶外坐，主婦受，設于敦南」。蓋主婦[redacted]先後薦進，設

非同時。此主婦致爵于主人，始為主人鋪陳西面之席，故同時薦進兩豆兩籩；但其設時，「宗婦贊豆如初」，亦房中取兩豆，尸外坐，主婦受，設于席；又取兩籩坐于戶外，主婦受，設于豆北，如為尸設豆籩然也。言「贊豆」不及贊籩者，祭主于豆。先設兩豆，後設兩籩，自以今本為長。

167. 受爵酌酢（第29簡）

今本酢作醋。酬醋字，今本鄉飲、鄉射、燕禮、大射均作酢，特牲、有司作酢又作醋，少牢作醋。簡本無作醋，燕禮、少牢遇此等字適爛缺，泰射作酢，特牲第29、32簡作酢，第30、31、45簡作詐，第42簡作作，有司第53、76簡作昨，第70、74、76簡作作。說文酉部：「醋，客酌主人也。」「酢，醶也。」段注：「按諸經多以酢為醋，惟禮經尚仍其舊，後人酢醋互易。」是作醋正字，作酢段借字。此篇主人獻尸節「尸以醋主人」鄭注曰「古文醋作酢」，有司不儐尸主婦亞獻節「尸以醋主婦」鄭注「今文醋曰酢」，

二注矛盾，莫辨其孰為古孰為今。胡承珙疏義云：「經典每多以酢為醋，惟禮經間有醋字，鄭於此必作醋不作酢，從其正字也。其有古今文皆作酢者，則姑存之不復改耳。」胡說殊謬。古今文皆作酢則不復改，而于經用正字醋下，一注今文[redacted]一注古文以見意，全書有此例乎？何厚誣鄭君之甚耶！鄭氏改經之說今已證其誣妄，而二注經文均作醋，鄭注不應互歧。徐養原疏證云：「周易繫辭上『是故可以酬酢』，釋文：『酢，京作醋。』京易今文之學也。」據此，知今文作醋，古文作酢，不可混淆。有司鄭注，各本不同，阮元校勘記云：「徐、陳、通解同酢曰酌，集釋作醋曰酌，閩、監、葛本俱作酌曰酌，按曰酌二字諸本俱與疏標目合。毛本作醋曰酢。」其誤顯然。胡氏正義定作「今文醋作酌」，于古今文互歧固可迴避，但此文明明尸醋主婦，安可誣今文于不通之地，故當定注今字為古字之譌，曰亦當作為。今本[redacted]作酢又作醋，是今古文錯雜並用。簡本此文作酢乃用古文。有作昨，周禮司尊彝職「諸臣之昨也」，鄭注：「昨讀為酢，字之誤也。」又有作詐作作，禮記月令「毋或作為」，鄭注：「今月令作為為詐偽。」是詐字為作字之譌。又少儀「介爵酢爵僎爵皆居右」，鄭注：「酢或為作。」是作字為酢字之或體。作與昨通，淮南子天文「歲名曰作鄂」，高注：「作讀昨。」作與酢通，徐王義楚鍴「自酢祭鍴」，段酢為作。此段作

為酢。凡作酢、作昨、作作、作詐俱从乍聲相通段，簡本俱用古文。

168. 坐祭立卒爵拜（第29簡）

今本立下有飲字。下第33簡獻眾賓與兄弟節：「眾賓升，拜[redacted]受（爵），坐祭立飲。」簡本與今本同。此亦當有飲字，鄉飲記「立卒爵者不拜既爵」，立卒爵則不拜矣，此有拜字，其儀當是坐祭立飲坐卒爵，遂拜既爵也。簡本誤脫。

169. 主人受爵詐（酢）卒降，賓爵于匪（篚），入復位（第30簡）

今本受作更。燕禮[redacted]主人自酢于公節、大射主人受公酢節「更爵洗」，此文並下「更爵酢于主人」，鄭注並云：「古文更為受。」今本俱用今文。簡本燕禮該文爛鈌，泰射第19簡作更，用今文；[redacted]此文並下第31簡俱作受，用古文，簡本今古文錯雜並用。惠棟九經古義（卷九）云：「周禮巾車云「歲時受讀」，杜子春云「受當為更」。春[redacted]秋昭二十九年傳云「以更豕韋之後」，史記更作受。知古文更字皆為受。」案今文作更，義主易爵；古文作受，非特字有不同，義亦

有異。

今本酢上有酌字，卒下有爵字。此主人更爵自酢，與下賓更爵酢主人，其儀相同。下（第31簡）「受[redacted](更)詐(酢)于主人，卒，復位。」簡本與今本同。又第35簡獻賓及兄弟節「更爵酢，卒，降實爵于匪(篚)，入復位。」今本卒下有爵字。與此文相校，簡本凡無酌無爵字，均屬有[redacted]文，非誤脫也。

170. 獻祝及佐食，洗致于主人主婦(第30簡)

今本獻上有酌字。少牢有獻祝節，又有獻兩佐食節，彼大夫禮盛，詳[redacted]記之則其儀甚繁。[redacted]士禮雖稍殺，不過用一佐食耳。其儀則設席、受獻酒、薦豆設俎、接祭祭俎、祭嚌卒爵，各節皆備。此總[redacted]記一句，則酌字可不必有，簡本為長。

今本洗下有爵酌二字。鄭注：「今文曰洗致。」簡本用今文。參見165條。

171. 賓[redacted]辭，卒洗(第31簡)

今本辭下有洗字。鄭注：「今文無洗。」簡本用今文。

172. 取肺[redacted]坐祭[redacted](第32

簡)

為酢。凡作酢、作昨、作作、作詐俱从乍聲相通段，簡本俱用古文。

168. 坐祭立卒爵拜（第29簡）

今本立下有飲字。下第33簡獻眾賓與兄弟節：「眾賓升，拜[redacted]受（爵），坐祭立飲。」簡本與今本同。此亦當有飲字，鄉飲記「立卒爵者不拜既爵」，立卒爵則不拜矣，此有拜字，其儀當是坐祭立飲坐卒爵，遂拜既爵也。簡本誤脫。

169. 主人受爵詐（酢）卒降，實爵于匪（篚），入復位（第30簡）

今本受作更。燕禮[redacted]主人自酢于公節、大射主人受公酢節「更爵洗」，此文並下「更爵酢于主人」，鄭注並云：「古文更為受。」今本俱用今文。簡本燕禮該文爛缺，泰射第19簡作更，用今文；[redacted]此文並下第31簡俱作受，用古文，簡本今古文錯雜並用。惠棟九經古義（卷九）云：「周禮巾車云「歲時受讀」，杜子春云「受當為更」。春[redacted]秋昭二十九年傳云「以更豕韋之後」，史記更作受。知古文更字皆為受。」案今文作更，義主易爵；古文作受，非特字有不同，義亦

今本祭上有絕字。據記主人俎賓俎俱用離肺。離肺對切肺（一作刌肺）而言，謂切而未絕，故離肺必為絕祭。絕祭者，絕末而祭，即用手[redacted]其切而未絕之肺葉，置于豆间以祭也。絕[redacted]肺葉，手必染污，故祭離肺下必有捝手之文。又主婦致爵于主人，主人亦「取肺坐絕祭」，简本與今本同。用此数證，简本之誤脱為無可疑矣。

173. 西面鄭（奠）于位如初（第32简）

今本于下有其字，重位字。特牲等祭禮堂上不設席位，賓位在西階下東面。獻賓薦脯醢、設折俎、受爵酌酢，均于西階上行之，獻畢，上文云「執祭以降」者，賓將祭所用之脯肺降至堂下；下文云「薦俎從設」者，執事將暫設于西階上之薦俎遷于堂下位，俾受賓所執之脯肺也。「其位」者，文承「以降」，明位在堂下，無其字則此義不顯。下獻衆賓「薦俎從設于其位」，儀同此文，简本亦有其字。「位如初」者，乃補充説明之文，即視濯視牲節「主人揖入，兄弟從，賓及衆賓從，即位于堂下，如外位。」彼云「如外位」乃如門外位之所上與面向；此云「位如初」即如視濯視牲之位也，無位字義亦不顯。简本無其字又不重位字，則此等儀注均不能明矣，必係誤脱。

174.衆賓升拜受（第32—33简）

今本受下有爵字。拜受爵省作拜受，諸篇多有此例，不應遽斷為誤脱。但此文前無所承，無爵字不明所受為何？又上文賓受獻「賓北面拜受爵」，简本亦有爵字。以此相決，此有爵字為長。

175.加勺南柄（第33简）

今本柄作枋。士冠禮冠者節「加柶面枋」、士昏將親迎預陳饌節「加勺皆南枋」，鄭注並云：「今文[redacted]枋作柄」。

少牢將祭即位設几加勺載俎節「南柄」，鄭注：「古文柄皆為枋。」胡承珙疏義云：「古音方聲丙聲同部，从方从丙字多通，故鄭於此（指士冠）从古文作枋，而於少牢饋食禮則又依今文作柄也。」案今古文異字聲相通者豈止枋、柄，何獨此兩存其字，胡説非也。此蓋鄭氏所據之本今古文錯雜並用而彼實無所改易也。如謂鄭氏于今古文擇所欲從而改易經字，則何不併此而統一之，而乃任其[redacted]今柄古枋並存乎？此説之不可通者也。參見150.條。简本俱作柄，用今文。

179. 尸備合(荅)拜馬(第37簡)

今本同。鄭注：「古文備為復。」上第32簡獻賓與兄弟節「主人備合(荅)拜馬」，今本同，鄭氏無注。簡本、今本俱用今文。

180. 宗人告祭升(第38簡)

今本升作脀。簡本亦有作脀，升脀錯雜無別。燕禮「無脀」作脀與今本同，而泰射「無升」則作升；此篇「告祭升」「殽升」均作升；少牢二「卒脀」句俱作脀與今本同；有司則「羊升」「豕升」「薦升」「先生之升」凡今本作脀者均作升。案今本升脀二字似有分別，牲體初在門外爨上鑊中煮熟，由鑊取出置于鼎謂之升；舉鼎入門，陳于庭中，然後由鼎取出置于俎謂之載，亦謂之升。脀為牲俎，實指俎實，如「無脀」「殽脀」「祭脀」「薦脀」「先生之脀」「羊脀」「豕脀」。[redacted]惟少牢二「卒脀」句，前者言由鑊實鼎已畢，後者言由鼎實俎已畢，非指牲[redacted]俎，而有司由鼎實俎已畢則作「卒升」，所以偶有混淆者，恐係今古文舊本二字不別，至劉向校定，始加分别而又改之未盡。考二字[redacted]均屬叚借。升之本義，說文訓「十龠」，為計量

之名。升有作昇，易升卦釋文：「升，序卦云上也。」鄭本作昇。」韵會升通作陞，[redacted]廣雅釋詁：「陞，上也。」「陞，進也。」升與登通，樂記「男女無辨而亂升」，史記樂書作登。後漢書明帝紀李（賢）注：「升，登也。」周禮羊人職鄭注：「登，升也。」爾雅釋詁：「登，陞也。」曲禮下鄭注：「登，上也。」牲體由鑊實鼎、由鼎實俎曰升，其義為上為進，是升為登之段借字。脀之本義，說文肉部：「脀，騃也。」廣雅釋詁：「脀，癡也。」均非牲俎之義。左傳宣公十六年之「殽烝」，即特牲之「殽脀」，鄭注燕禮、大射訓脀為「俎實」「折俎」，蓋以脀為烝之段借字。詩

信南山「是烝是享」毛傳、豐年「烝畀祖妣」鄭箋均云：「烝，進也。」書多方「不蠲烝」馬注、國語周語「定王饗之殽烝」韋解、左傳「殽烝」杜注均云：「烝，升也。」升牲體于俎遂名俎為烝，蓋以動詞作名詞，故胡氏正義云：「以牲體實于俎謂之脀，因謂俎為脀」是也。升為登之段借，脀為烝之段借，其義俱為上也、進也，故燕禮賈疏云：「脀，升也。」

181. 賓坐舉䚩（觶）（第38简）

今本舉作取。此旅酬節兄弟弟子舉東階一觶酬長兄弟

為旅酬發端。舉觶即揚觶，其儀為高舉其觶，與取觶不同。賓不參與旅酬，惟取薦南奠觶以酬長兄弟，其時尚不屬舉觶，必待長兄弟以此奠觶行旅酬而後為舉觶也。且舉觶必立，斷無坐舉者。簡本[redacted]誤寫。[redacted]

182. 衆賓及兄弟交錯以辨(辯)(第39—40簡)

今本兄上有衆字。[redacted]第53簡記「獻次衆兄弟」，今本無衆字。第35簡獻賓及長兄弟節「洗獻衆兄弟」，第40簡旅酬節「如賓州(酬)兄弟之義(儀)」，均與今本同。可見二本均有省衆兄弟為兄弟者，不過互有同異耳。

183. 舉⿰角辰(觶)者皆鄭(奠)于薦右(第41簡)

今本奠下有觶字。鄭注：「今文曰奠于薦右。」(簡本用今文。)上第34簡獻賓與兄弟節：「主人洗，賓辭。」「主人合(荅)拜，賓鄭(奠)于薦南。」今本洗下奠下俱有觶字。主人所洗，賓所奠，同用一觶，而此觶即下賓舉以酬長兄弟而為旅酬者。簡本均有觶字，殆亦用今文耶？然則今本俱用古文有觶字也。

184. 爵毋(無)算(第42简)

今本爵下有皆字。旅酬無算爵，鄉飲、鄉射、燕禮、大射舉觶惟一觶。此賓[redacted]弟子、兄弟弟子各舉于其長，有二觶並行，故曰皆。其文有「長皆荅拜」「舉觶者皆奠觶于薦右」「長皆執以興」「舉觶者皆復位荅拜」「長皆奠觶于其所」「皆揖其弟子」「弟子皆復其位」，凡言皆者均以二觶並行之故。此「爵皆無算」，胡氏正義謂「此總結上文」，「云皆者，謂賓黨主黨二觶並行無算也。」可證與飲、射諸禮用一觶旅酬者不同，必有皆字，始與前文相貫。简本凡上述諸句均有皆字與今本同，惟此總結之文乃無皆字，顯係誤脫。

185. 利洗散獻尸(第42简)

今本獻下有于字。有司第76简「利獻于昨(醋)」(不賓尸佐食為加爵節)，今本利下有洗爵二字，于下有尸尸二字。利即佐食，佐食獻尸，此文無于字尚可通，有司「利獻于昨(醋)」實不成文義。二文對勘，顯係此脫[redacted]一字而彼脫四字，為書手[redacted]鈔寫致誤也。[redacted]

[redacted]

186. **實散于厓**（第42简）

今本厓作篚。簡本篚俱作匪，陳校云：「厓，是匪之誤」。據圖版厓字不過書手漏寫一豎耳，仍是匪字。摹本書左竪為撇，稍有失真，陳氏不應遽定為厓字。凡此等處，釋文往往貿然依形似別定，此文雖已指明其誤，仍不能掩其輕率之病，況他文實有未申其說者。

187. **主人出，立于户外西面**（第42简）

今本面作南。阮元校勘記云：「南，集釋、敖氏俱作面。張氏曰：「下文有立于户外西面，此南字亦當作面，从下文。」按唐石經亦作南，張氏以意改為面，而李氏、敖氏从之。」張淳識誤以意改經，率多謬誤，而此據下文改面則甚是。王引之經義述聞云：「户外西面者，主人之位也，故主人事尸禮畢、事養者禮畢，皆出立于户外西面。主人西面，故祝東面告利成，與主人相鄉也。」其實詩楚茨正義引此文正作西面，而少牢祭畢尸出廟節「主人出立于阼階上西面」，有司不儐尸者禮畢尸出節「主人出立于阼階上西面」，南字之誤，可推比而得。張淳見不及此，遂成意改而偶中。今得簡本，更證作面無疑。唐石經作南，則其誤在唐以前矣。

188. **尸休**（第42简）

今本休作謖。少牢同節簡本亦作休。士虞祝告利成尸

出節『祝入尸謖』鄭注：『古文謖或作休』，記『尸謖』鄭注：『古文謖作休』，而少牢祭畢尸出廟節『[redacted]祝入尸謖』鄭注：『謖或作休』，則不知為古文抑為今文。今參諸家之說，以士虞記注為正，謖為今文，而少牢注脫古文二字，又二或字俱屬衍文，簡本實用古文。胡承珙疏義云：『謖之為休，猶感之作慽，縮之為莤，聲本同部。』

189. 徹庶羞于西序下（第42簡）

今本于上有設字。此尸出歸俎節，祝告利成，尸即出廟門，祝命佐食徹尸俎並徹庶羞。『俎出于廟门』，將歸于尸家；而庶羞不同歸尸家，則當有設處。『于西序下』上無設字，徹而復設之義不能明也。又下改饌陽厭節『祝命徹作俎豆籩設于東序下』，簡本有設字與今本同。事既相類，文例亦同，可證此文誤脫。

190. 佐食分軌刑（鉶）（第43簡）

今本軌作簋。公食為賓設正饌節『宰夫設黍稷六簋于俎西』鄭注：『古文簋皆作軌。』簡本用古文。周禮小史職『史以書敘昭穆之俎簋』，鄭注：『故書簋或作九（原作几，段玉裁改九是也），鄭司農云：九讀為軌，書亦或為軌

字為今字之誤。簡本燕禮第1簡告戒設具節「善（膳）宰具官選于寢（寢）東」，[redacted]特牲第47簡記「選于東序」，少牢第12簡羹定實鼎饌器節「改選豆籩于房中」，今本選皆作饌。有司第79簡不儐尸陽厭節「衛（徹）牢（室）中之送」，送當為選之形譌，今本亦作饌。說文食部：「籑，具食也。从食算聲。饌，籑或从巽。」饌為籑之或體字。段注又云：「許書則無餕有籑、饌字，禮經籑訓食餘，而許書籑饌同字，訓為具食，則食餘之義無著。且禮經言饌者多矣，注皆訓為陳，食餘之義皆作籑，未有作饌者。然則禮經饌、籑當是各字，饌當獨出訓具食也，籑、餕當同出訓食餘也，」乃與禮經合。剖析似精密[redacted]而義猶可商。今案：祭祀中嗣子與長兄弟食神食之餕餘，以示受神餘惠，其事亦飲食，故古文陳食、具食與飲食不分而籑、饌通作。今本籑，簡本饌，皆用古文。簡又作饌，選與算古聲同通段，簡本服傳算有作選，說見[redacted]70.條，則饌與饌亦通。又饌、選聲同通段，故字又作選。簡[redacted]又作饌，亦為饌之異寫，如還之作環，見123.條。是作饌作饌作選作饌，[redacted]均為籑之異寫，簡本皆用古文。說文無餕有籑、饌，與古文禮經同。今本陳食作饌，食餘作籑，本亦皆用古文。鄭氏意主今文餕字，故注中對陳食、食餘之義界畫甚明，古文無此義也。段氏據鄭注立說，推求過密，反不得其實。

人于男子為俠拜，此必不然也。簡本誤脫。

195. 上選(篹)即坐合(荅)拜(第45簡)

今本即下有位字。即坐不詞，且不明拜于何處。[redacted]上篹升酌酢主人于室，主人拜受；上篹即降至阼階下位而荅拜之。無位字則其儀不能明也，簡本誤脫。

196. 主人立于戶外西面(第45簡)

今本立上有出字。篹在室內，主人事篹之事畢，始出于室，立于堂上戶外之位，以待室內改饌陽厭，及祝告利成，乃降即堂下之位矣。出室而立于堂，當有出字。

197. 祝命徹作(阼)祖(俎)籩(篹籩)豆(第45簡)

今本篹籩豆作豆篹籩。下「宗婦徹祝籩(篹籩)豆■入于房」，今本亦作豆篹籩。公食「篹籩豆六」，既夕記「凡篹籩豆」，今本亦有作篹籩豆者。簡本亦有作豆篹籩，如此篇第7簡視濯節「豆籩(篹籩)刑(鉶)在東房」，第11簡陳設節「實豆籩(篹籩)刑(鉶)」，第28簡賓三獻節「埶(設)兩豆(兩)籩(篹籩)」，均與今本同。豆實醢，篹籩實菹，飲食醢之用繁，宜其作豆篹籩者多矣。

198. 佐食徹尸薦祖（俎）敦，埶（設）于西北隅几□（第45—46簡）

今本几下有在南二字。几字屬上屬下均不詞，必有脫文。上陳設節：「祝筵几于室中，東面。」少牢將祭即位設几加勺載俎節：「司宮筵于奥，祝設几于筵上，右之。」特牲不言奥及几設之處，少牢不言面向，互文見義。奥為室之西南隅，席東面，右几，几即設于席之南端。陰厭之神席，特牲、少牢相同。此[redacted]陽厭改饌，未言面向。有司陽厭節：「有司宮徹饋，饌于室中西北隅，南面，如饋之設，右几。」南面右几，几在席之西端，與特牲今本「几在南」不同。簡本此文几下[redacted]當有脫文，但不知其在南抑在西。士虞陽厭節：「設于西北隅，如其設也，几在南。」如其設，如[redacted]陰厭之設，即其席東面，則士虞改饌不過改西南隅為西北隅，面向不變。几在南即几在右。以士虞決此文，知簡本誤脫「在南」二字。士虞、特牲之改饌東面與少牢之改饌南面，實係士禮與大夫禮之不同。

199. 菲用延（筵），入一尊（第46簡）

今本菲作扉。士虞、特牲、有司鄭注俱云：『扉，隱也。』祭畢改饌陽厭，神席移至西北隅，其地曰屋漏，亦曰當室之白，與户相對，得户之光，故用席為蔽，使幽闇耳。謂之扉者，或用席，或用他物，不定，故鄭注但云隱也。詩載驅『簟茀朱鞹』毛傳：『車之蔽曰茀』，編草為茀，用于輿後，有司鄭注：『古文扉作茀』，物不同而為障蔽則一。然則古今文之不同，用物之異耳，非字之正叚也。荀子禮論篇『以象菲帷幬尉也』楊倞注：『或曰菲當為扉，隱也，謂隱奥之也。』簡本字同荀子，均叚菲為扉。簡本字與今本異而同用今文。

今本入作納。說文入部：『入，内也。』『内，入也。』

禮漢簡異文釋

一頁足

廣雅釋詁：『納，入也。』荀子富國篇『婚姻娉内』楊倞注：『内讀曰納。』詩烝民釋文：『納[redacted]亦作内。』吕覽無義高誘注：『入猶納也』。入、内、納三字羣書多通叚。

200. 其服皆朝服玄冠緇帶韠（第47简）

今本韠作韠，上有緇字。下同简『皆爵韠』，今本亦作韠。廣雅釋器云：『韍謂之韠。』集韻質[redacted]五：『韠通作韠。』韠為蔽膝，說文作市，从巾象其連帶之形。詩作芾，易作紱，禮記作韍，左傳作黻，方言作褘、祓、袡，易緯乾鑿度作茀，白虎通作紼，均屬市之叚借，韠、韠乃後製正字也。

此帶韠同色也。凡記同色之例，士冠曰『玄冠玄端』，[redacted]特牲曰『冠端玄』，彼冠與衣同色也。持以例此，當從今本。又朝服皆緇帶素韠，此見士下于大夫用緇韠，然則更不應有緇字。

201. 執(設)洗，南以堂深，東直東榮(第47简)

今本南下有北字，直上[redacted]有西字。鄉飲、鄉射設洗均有『南北以堂深，東西當東榮』之文，簡本無此兩篇，[redacted]不知所作。洗設[redacted]于庭，所置之處非可實指，必虛擬他物以為度。庭有三堂之深，依今本知設于一堂之深處，近堂抑近门仍不能明，反不若簡本無北字則近堂之義瞭然矣。其東西之度，正當東屋翼，士冠作『直于東榮』，無西字義更顯豁。

今本直作當。史記天官書『前列直斗口三星』，索隱云：『直，當也。』[redacted]又樗里子甘茂傳『武庫正直其墓』，索隱云：『直猶當也。』直當蓋通訓也。

202. 實二爵柧四觛(觶)一角一散(第47简)

[redacted]今本柧作觚，上有二字。說文角部：『觚，鄉飲酒之爵也。[redacted]从角瓜聲。一曰觴受三升[redacted]者觚。』又木部：『柧，棱也。』

从木[redacted]瓜聲。又柧棱，殿堂上最高之處也。」「棱，[redacted]柧也。从木夌聲。」[redacted]觚柧音同義別。史記酷吏傳「破觚而為圜」，索隱引應劭云：「觚，八棱有隅者。」莊子大宗師「其觚而不堅也」，釋文：「崔云觚棱也。」文選文賦「或操觚以率[redacted]爾」，李善注：「觚，木之方者，古人用以為書，猶今之簡[redacted]也。」俱為段觚為柧。簡本則段柧為觚也。庭簋置飲酒器凡十。全書之例，器物牲禽俱詳記其數，不因數同而省字。簡本則有省有不省，如此文「二爵柧」省二字而「一角一散」又不省，甚無例，當係書手臆改。

203、明日卒尊，幕用却（第48簡）

今本尊作[redacted]奠[redacted]。尊為奠之誤寫。簡本作鄭作墣而無作奠者。此誤寫作尊，可見其所據抄之本有作奠，益信作鄭作墣之為誤加形旁也。參見15條。

今本幕作冪。冪，簡本燕禮、泰射「少牢俱作幕」；特牲作幕，幕為幕之或體。說文巾部作幎，胡承珙疏義云：「不過偏旁有在左在[redacted]下之異耳。」說文云「周禮有幎人」，[redacted]今本周禮作冪人，而宋嘉祐石經正作幎。有作冪，孫詒讓謂「即幎之變體」。冪人職：「掌共巾冪，祭祀以疏布巾冪八尊，以畫布巾[redacted]冪六彝。」鄭注：「共巾可以覆物也。」[redacted]國語周語「[redacted]澤其中[redacted]冪」，韋解：「巾[redacted]冪所以覆尊彝

也。」孫詒讓謂「即冪之俗」。禮經冪覆尊甒壺外，公食覆簠，士[redacted]喪覆重之二鬲，又覆小斂之奠，既夕覆三甕，均為覆物之巾。其所用之材為疏布、功布、綌或絺。周禮「共巾冪」，非拭物之佩巾，乃小爾雅廣服所謂「大巾謂之冪」。說文[redacted]「幎，幔也」■「幔，幕也。」周禮又有幕人，「掌帷幄帟綬之事」，幕為帷幕，非覆物之巾。而既夕記云：「明衣裳用幕布」，■鄭注：「幕布，帷幕之布，升數未聞也。」顯屬粗麻布可作帷幕，亦可作明衣裳。覆物之巾可用疏布、功布，亦可用帷幕之布，故字亦可作幕。冪字未必為幎字之變體，恐係幕字之誤加冖旁。「幔，幕也」亦未必如段注「由冪而誤」。說文「幕，帷在上曰幕」，乃帷幕，幕之本義；大徐本此下有「覆食案亦曰幕」句，是幕之引伸義，即用幕布作覆物之巾，此又未必如段注「淺人所增」。公食記「簠有蓋冪」，鄭注：「今文或作鼏」。釋文、嚴本鼏作幕，不誤。少牢羹定實鼎饌器節「皆有冪」，鄭注：「今文冪作鼏。」鼏亦當作幕。鼏為覆鼎之物，編茅為之，非其義。簡本作幕，實用今文。

今本却作綌。上第15簡陰厭節「却于敦南」，今本作卻。燕禮第2簡告戒設具節「幕(冪)如(用)却」，今本亦作綌。集韵十八藥：「卻或作却。」却是俗字。士昏婦至

成禮節『卻于敦南』，鄭注：『古文卻為綌。』胡承珙疏義云：『卻正字，綌借字。』卻于敦南之卻，賈疏訓仰也，敦蓋啟後仰置于敦南。冪用綌之綌，說文糸部訓粗葛也，尊壺等用粗葛為冪而覆掩之。物不同用亦不同。簡本俱作却，『却于敦南』用今文，『幕(冪)如(用)却』『邊(籩)巾却』蓋書手誤以仰卻字古文作綌乃寫綌為卻耳。

204. [redacted]熏裹(第48簡)

[redacted]

今本熏作纁。士冠陳服節『爵弁服纁裳』、士昏納徵節『玄纁束帛』，鄭注並云：『今文纁皆作熏。』徐養原疏證云：『[redacted]鄉射記云「袒纁襦」，是纁、熏、薰三字古皆通用。』

[redacted]簡本用今文。

205. 刑(鉶)芼用枯若薇，皆有滑。夏葵各亘(第48簡)

今本枯作[redacted]苦[redacted]。鄭注：『今文苦作芐，芐乃地黃，非也。』公食記『鉶芼，牛藿，羊苦，豕薇』，鄭注『今文苦作芐』，似苦為古文，其實非也。士虞記『鉶芼用苦若薇』，鄭注：『古文苦為枯，今文或作芐。』[redacted]是古文作枯，今文作苦，今文或本作芐，此注及公食注俱誤脫或字

耳。胡承珙、徐養原均未所論。鄭所據本用今文而以或作本苄為非，簡本用古文。鄭注苦為『苦荼』，即苦菜，以苦菜煮羊或豕汁為羹者。今文用正字，古文用段字。

今本微作薇，亘作荁。微、薇，亘、[redacted]荁俱聲通(同)段，薇、荁皆後加形旁製正字。此簡薇之作微，荁之作亘，猶他簡之籩之作邊，筵之作延也。說見各條。

今本各作冬。[redacted]簡本冬有寫作[redacted]冬，[redacted]以形近而誤寫作各。

206. 飽(饎)與(舉)在西辟(第48簡)

今本辟作壁。釋文：『西辟，步曆反。又音壁。』[redacted]陸氏所據本作辟。爾雅釋天『娵觜之口營室東辟也』[redacted]釋文：『本[redacted]又作壁。』俱段辟為壁。

207. 心舌皆去本末，午創之，實于牲鼎，載，心立舌槭祖(俎)(第48—49簡)

今本創作割。少牢第15簡將祭即位設几加勺載俎節：『心皆安下刌(切)上，午割勿沒。』『舌皆刌(切)本末，亦午割勿沒。』簡本創割兩作。案二字義通。說文刃部：『刅，傷也。从刃从一。創，刅或从倉。』廣雅釋詁：『傷，創也。』王

篇刀部：「創，割也。」廣雅釋詁：「刱，創，割也。」「刱，創也。」皆義同之證也。此所俎之心若舌，用刀交叉割之而未絕，故鄭注云「午割，縱橫割之」也。

今本摵作縮。禮經「縮霤」、「縮俎」、「縮執」、「縮委」[redacted]「東縮」、「西縮」等均解作縱橫之縱。簡本泰射、特牲、少牢俱作摵（有誤从木旁），有司[redacted]第4、5、6、15、16簡[redacted]作宿，第52[redacted]簡作摵。鄉飲記「階間縮霤」、鄉射數獲節「十純則縮而委之」、士虞陰厭節「東縮」又記「縮祭半尹」、少牢主人獻尸節「縮執俎肝亦縮」、有司陳鼎設俎節「亦西縮」，鄭注並云：「古文縮皆為蹙[redacted]。」說文糸部：「縮，一曰蹴也。」曲禮上「以足蹙路馬芻有誅」，釋文：「本又作蹴。」故文選羽獵賦李善注云：「蹙蹵古字通」。論語鄉黨「足蹜蹜如有循」，皇侃疏：「蹜蹜猶蹴蹴也。」集韻一屋[redacted]「蹜通作縮。」詩節南山「蹙蹙靡所騁」鄭箋：「蹙蹙，縮小之[redacted]貌。」是縮蹙聲義俱通，故胡承珙疏義云：[redacted]「今文作縮者正字，古文作蹙者同聲借字。」簡本有作[redacted]摵，廣雅釋詁：「摵，至也。」王念孫疏証云：「[redacted]摵之言造也，造亦至也。造與摵古同聲，孟子「舜見瞽[redacted]瞍，其容有蹙」，[redacted]韓子忠孝篇作「其容造焉」。大戴禮記保傅篇「靈公造然失容」，即造然蹙然。」是蹙與摵亦相通叚。簡本有作宿，

玉藻『蹜蹜如也』，釋文：『宿宿，本或作蹜，同。』當作宿，或本作蹜。集韻一屋蹜，宿，或省，通作縮。』宿

■縮同聲段借。然則作摍即蹙之段借，用古文；作宿即縮之段借，用今文。簡本一篇之中或用古或用今，乃以今讀古時滲入今文之明證，亦隸寫古文■或本之特徵也。

208. 賓與長兄弟之薦自房（第49簡）

今本房上有東字。士宮堂後一房一室，即所謂二内。房在東室在西，對西室言稱東房。主人初獻節『寫嗇于房』，主婦[redacted]亞獻節『以爵入于房』，單言房自是東房。然視濯視牲節『豆籩鉶在東房』，簡本亦有東字與今本同，此記補彼

■經所未備，仍以有東字為長。

209. 奉般(槃)東面，執鉇者西面，淳沃，執巾者在鉇北（第49簡）

今本槃下有者字。者[redacted]指奉槃、執匜、執巾之人。執匜執巾下均有者字與今本同，則奉槃下當有者字。

今本二鉇字俱作匜。（少牢亦作鉇。）彝銘有作也，有作盘，而史頌匜、

■陳伯元匜均从金作鉇。字本作也，象形，加匚若皿旁表其類屬，加金旁表其材質。

鄭注：『今文淳作激。』簡本、今本俱用古文。

210. 凡祝嘑（第50簡）

今本嘑作呼。說文口部：「嘑，號也。」「呼，外息也。」二字義別。群書多叚呼為嘑，詩蕩「式號式呼」，周禮銜枚氏職「禁嘂呼歎鳴于國中者」，曲禮上「城上不呼」，莊子讓王「仰天而呼」，皆當作嘑。周禮雞人職[redacted]「夜嘑旦以嘂百官」，段玉裁謂[redacted]「此嘑字之僅存者也」。[redacted]釋文「嘑本又作呼」，鄭注「呼旦以警起百官」，是或本亦作呼，而鄭氏以呼釋嘑，可知嘑為古[redacted]正字，而漢以後叚用呼字。詩蕩釋文：「呼，崔本作謼。」[redacted]漢書[redacted]灌[redacted]夫傳顏注：[redacted]「謼，古呼字[redacted]。」此又叚謼為嘑。[redacted]簡本作嘑，獨存古[redacted]正字，可見漢世猶嘑、呼正叚互用，漢後始悉改呼。

211. 尊兩壺于房中西庸下南上（第50簡）

今本庸作墉。說文土部：「墉，城垣也。从土庸聲。[redacted]𩫖，古文墉。」庸墉古今字。詩崧高「以作爾庸」，毛傳：[redacted]「庸，城也。」王制「附於諸侯曰附庸」，鄭注：「小城曰附庸。」左傳襄公九年「祝宗用馬于四庸」，釋文：[redacted]「本又作墉，城也。」皆叚庸為墉。簡本作庸為[redacted]，聲同通叚

今本作墉為後（加形旁）製正字。

212. 正脊二骨衡脊（第51簡）

今本衡作横。簡本横多作衡，唯泰射第59、76簡見横字。古多以衡為横，考工記「衡四寸」，鄭注：「衡，古文横，[redacted]段借字也。」檀[redacted]（引）上「今也衡縫」，鄭注：[redacted]「衡讀為横。」簡本[redacted]（亦）段[redacted]衡為横。

213. 祝祖（俎），脾，脡脊二骨（第51—52簡）

今本脾作髀。少牢、有司簡本亦均作脾。案說文骨部：[redacted]「髀，股外也。」（⿰足卑，古文髀。）文肉部：「脾，土藏也。」此文是髀而非脾。士昏將親迎預陳饌節「載兩髀于兩端」、既夕葬日陳大遣節「髀不升」、士喪小斂奠節「髀不升」，鄭注[redacted]（並）云：「古文髀作脾。」徐養原疏証云：「說文骨部髀古文作⿰足卑，此脾（字）或⿰足卑之誤。」徐說固甚善，[redacted]（然）詩車攻毛傳「射左髀」、莊子人間世「兩髀為脅」，釋文「本文作脾」，俱段脾為髀。[redacted]以此相證，胡承珙疏義以為「髀正字，脾同音段借字」，亦自有據。簡本用古文。

今本脡作脠。簡本唯此文作脡脊，少牢第9、16簡，有司第10、11、61簡俱作脠脊，與今本同，顯係[redacted]（誤）寫[redacted]。

214. 長脅二[redacted]（第52簡）

今本二下有骨字。此主人之俎所載牲體。上尸俎為[redacted]「長脅二骨」，祭禮三篇脊與脅俱用二骨，簡本唯此無骨字，[redacted]當[redacted]屬誤脫。

215. 主婦柤（俎）觳折（第52簡）

今本觳作嗀。下同簡「佐食柤（俎）觳折」，今本亦作嗀。鄭注：「古文嗀皆作觳」。[redacted]簡本用古文。徐養原謂「觳為嗀字之誤」是也。

216. 賓胳（第52簡）

今本胳作骼。鄉飲記「介俎，脊脅肫胳肺」，鄭注：[redacted]「今[redacted]文胳作骼」。鄭所據本作胳。有司主人獻長賓節「羊骼一」，鄭注：[redacted]「古文骼為胳」。鄭所據本作骼。簡本無鄉飲，有司亦作胳。說文肉部：「胳，亦下也。」又骨部：「骼，禽獸之骨曰骼。」二字義別。今文骼為正字，古文胳為叚借字。鄭所[redacted]據本或用古或用今，正見其唯從所[redacted]據本而疊古今文之異于注文，並無改易經字之事。參見150條。簡本用古文。

217. 少牢（第2简简背）第十一（第1简）

今本作第十六。篇次不同，説見1.條。

218. 右襢（袒）上犢（第1简）

今本犢作韇。下第2简「下犢」「執犢」、第3简「舍犢」「史犢筮」，今本亦俱作韇。犢、韇音同義别，犢當為櫝之形譌。廣雅釋器：「皾丸，矢藏也。」方言九：「所以藏箭弩謂之箙，弓謂之鞬，或謂之皾丸。」後漢書南匈奴傳「弓鞬皾丸一」，李賢注引方言作「藏弓為鞬，藏箭為韇。」馬融注詩大叔于田、服虔注左傳昭公廿五年均作櫝丸。豈所用有異而用又材不同遂易其所从之形旁歟？

219. 來丁亥，用薦歲事于皇祖伯某，以某肥肥某是尚薌（第1—2简）

今本來下有日字。此筮日節主人命詞與祝述命詞兩見「來丁亥」，下第4、5简筮尸宿尸節主人命詞與祝宿詞又兩見「來丁亥」，今本俱有日字。特牲筮日節宰贊主人之命詞「筮來日某」，简本有日字與今本同。上諏日云■「日用丁巳，筮旬有一日。」凡筮旨，以前一句之某日筮後一句之某日，謂之來。卜辭多有此例，殷虛書契前編卷七頁二七片二「戊辰卜，爭貞：來乙亥不雨。戊辰卜，爭貞：

來乙亥，其雨。」殷[redacted]契萃編790「癸未卜，來壬辰，雨。」又785「辛□囗，至來辛，亡大雨。」简本命詞猶是殷禮款式，當以無日字為長。

今本上肥字作妃。集韵[redacted]八微：「妃、嫛，說文匹也，一曰嘉偶曰妃。或作嫛。」肥、嫛聲同通段。揚雄太玄內：[redacted]「初一，謹于嫛執，初貞後寧。」林瑀釋文：「與妃[redacted]同。」嫛執即妃仇，左傳桓公二年：「嘉耦曰妃，怨耦曰仇。」[redacted]漢時有作嫛，當係妃字同肥而又加形旁。

今本下肥字作配。馬王堆漢墓出土帛書老子甲[redacted]本卷[redacted]後古佚書伊尹論九主配字並作肥。說文酉部：「配，酒[redacted]色也。」段注：「本義如是，後人借為妃而本義廢矣。」釋文[redacted]云鄭「配本作妃」，詩經有苦葉、雞鳴、皇矣、周禮大司樂職、[redacted]儀禮聘禮、左傳文公十四年、襄公二十五年，則古本如是作，乃段妃為配也。段所識者，厥後復有段配為妃耳。

今本是作氏。是與氏通，曲禮下鄭注：「是或為氏」，[redacted]漢書地理志顏注：「氏與是同」，後漢書李[redacted]雲傳李賢注：「是與氏古字通」。臨沂銀雀山漢墓出土孫子兵法氏作是；韓勑修孔廟後碑「韓君於氏憤慉之思」，於氏即於是；韓非子難三「龎㒒氏」，論衡非韓作「龎擱是」；士昏「惟是三族之不虞」，白虎通宗族作「惟氏」。覲禮王賜侯氏車

服節「太史是右」，鄭注：「古文是為氏也。」簡本用今文。

今本薌作饗。燕禮第31簡間歌合樂節「遂歌薌樂」，今本作鄉。特牲第17簡尸入九飯節「祝鄉」，今本作饗。饗食之饗正字作亯，說文亯部：「亯，獻也。」又食部：「饗，鄉人飲酒也。」經傳多段饗為亯也。聘禮主國君臣饗食賓介之法節「公於賓壹食再饗」，鄭注：「古文壹皆為一，今文饗皆為鄉。」公食陳具節「設洗如饗」、大夫相見之禮節「皆如饗拜」，鄭注並云：「古文饗或作鄉。」徐養原疏證既疑聘禮注今字亦當作古，又云「或公食誤。」其實如羅振玉氏所云：「古公卿之卿，鄉黨之鄉，饗食之饗，皆為一字。」古文饗食作鄉與鄉樂同作，聘禮注誤衍「今文」二字耳。鄉之作薌為誤加形旁，陳校云：「丙本喪服咎之作蓉，皆此類」是也。簡本饗食字用古文。

220. 遂術曰，假女大筮有常（第2簡）

今本術作述，下有命字。說文行部：「術，邑中道也。」廣雅釋詁：「術，法也。」義與述有別。士喪筮宅兆節「不述命」，鄭注：「古文述皆作術。」簡本用古文。詩日月「報我不述」，釋文：「本亦作術。」祭義「結諸心形諸色而術省之」，鄭注：「術當為述，聲之誤也。」漢書賈山

傳『術追厥功』，顔注：『術亦作述。』均證[redacted]二字通叚。張表碑『方伯術職』，樊敏碑『臣子襃術』，韓勅脩孔廟後碑『共術韓君德政』，靈[redacted]臺碑陰『州里稱術慈孝』，俱[redacted]屬叚術爲述。

[redacted]此命筮之詞。上主人曰孝孫云云，乃主人命史；此史以主人之命命卦者，故曰述命。特牲爲士禮，卦者直接受主人之命[redacted]，無述命之儀，以『宰自主人之左贊命』，[redacted]仍有『命曰』句，簡本與今本[redacted]同，可見命字甚重要。

[redacted]此大夫禮，史述主人之命，無命字更不成文義。簡本誤脫。

221. 乃舍犢(韇)立筮(第3簡)

今本舍作釋。大射三耦射節『獲而未釋獲』，鄭注：『古文釋作舍』。簡本用古文。鄉飲拜賜拜辱息司正節[redacted]『主人釋服』，鄭注：『古文釋作舍[redacted]』。今本皆用今[redacted]文。周禮大胥職『舍采』，鄭注：『舍即釋也[redacted]』。占夢職『乃舍萌于四方』，鄭注：『舍讀[redacted]爲釋，古書釋采釋奠多作舍字。』[redacted]甸祝職『舍奠于祖廟』，鄭注：『舍讀爲釋。』周禮古文，故均作舍。禮記祭統『而舍奠于其廟』，鄭注：[redacted]『舍當作釋，聲之誤也。』祭統用古文；又王制『反釋奠于学』，

[illegible]（手写讲义，字迹极淡，无法辨识）

[illegible]

[illegible]

[illegible]

[illegible]

[illegible]

[illegible]

[illegible]

[illegible]

[illegible]

[illegible]

[illegible]

[illegible]

[illegible]

[illegible]

[illegible]

[illegible]

[illegible]

■用今文。或謂禮記全用（書皆）今文，非也。說文釆部：「釋，解也。」■為本義，又亼部：「舍，市居曰舍。」舍本為居止之客館，段注謂「引伸之為凡止之偁」，故凡訓去也、除也、置也、棄也等，均當作舍。群書多作舍為叚借字，胡承珙謂「推釋字於義訓較切」，孫詒讓謂「聲義相通」，均屬辨析未精。

222. 宗人命濯（第3簡）

今本濯作滌。大射前射三日戒宰視■（滌）量道張侯節「射人宿視滌」，簡本滌字漫漶。詩洞酌毛傳：「濯，滌也。」

■士喪鄭注：「濯，滌溉也。」俱■（屬）浣洗之名，細辨之則有別。說文水部：「濯，滌（也」「滌，）灑衣垢也。」為浣洗之義。「滌，■，洒也。」「洒，滌也。」古文為灑埽字。兼有埽除之義，故周禮條狼氏（職）序官鄭注：「滌，除也。」（杜子春云：條當為滌器之滌，謂）詩七月釋文：「滌，埽也。」禮經有「視濯」之儀，特牲云：「宗人升自西階，視壺濯及豆籩，反降，東北面告濯具。」少牢■云：「雍人概鼎■（匕）俎」，「廩人概甑甗匕與敦」，「司宮概豆籩勺爵觚觶几洗篚」，亦為浣洗之義，故鄭注「濯，溉也。」此文為筮祭日時「宗人命滌」，特牲士禮無此儀注。大射亦有「宿視滌」，鄭注：「滌謂溉器，埽除宗廟。」彼

兼有二[redacted]者，故鄭注兩釋是也。少牢則別有視濯之儀，此命滌唯有埽除宗廟，鄭注乃云『滌，溉濯祭器，埽除宗廟』。[redacted]釋義未精。简本作濯，實爲書手涉下視濯而誤。

223. 朝筮尸（第[redacted]4简）

今本朝下有服字。上筮日主人朝服，下祭日主人亦朝服，故此筮尸主人必服朝服。無服字不成文義，顯係誤脱。

[redacted]

224. 司馬勢羊，司土擊豕（第7简）

今本勢作刲。陳校云：『刲，简誤從力』是也。

今本土作士。陳校云：『简文土、士往往混而不分』是也。

[redacted]简本士有作土而出作出，蓋一誤土，再誤出，如[redacted]燕禮之士又作出也。參見352條。

225. 雍人溉鼎杞（匕）祖（俎）于雍爂（爨）（第[redacted]7简）

今本溉作摡。説文[redacted]水部「溉」字乃水名，非其義也。[redacted]又手部：「摡，滌也。」周禮世婦職鄭注：「摡，拭也。」[redacted]作滌拭義者當以摡為正字，今本是也。群書多以溉為摡，[redacted]詩泂酌「可以濯溉」，曲禮上「器之溉者不寫」，長笛賦「溉盥汙濊」，均是。段玉裁云：「凡周禮、禮經摡字皆从手，釋文不誤，俗本多譌。」簡本亦以溉為摡。[redacted]後世刻本不過有據段字[redacted]誤改耳。

226. 廩人溉（摡）甑饎枇（匕）與敦于廩爨（爨）（第7简）

今文二廩字俱作廪。魏孝文帝弔比干文亩禾作稟，魏張玄墓誌銘作稟，魏鄭羲下碑作稟，并此簡文廩，下俱从米，[redacted]乃俗體。

今本饎作甗。説文瓦部：「甗，甑也。一穿。从瓦鬳聲。讀若言。」段注：「甑七穿而小，甗一穿而大。」字書[redacted]無饎字。書大誥「民獻有十夫」，尚書大傳獻作儀。獻儀通段，則甗自亦通饎，蓋漢時有饎字，段以為甗，字書遺落耳。鄭注：「古文甗為烝。」簡本、今本均用今文。

227. 司宮溉（摡）豆籩（籩）勺爵柧（觚）觶（觶）几洗匪（篚）于房

東堂下（第7—8簡）

今本無房字。禮經于宮室制度，[redacted]隨文記載，多屬部分，當時人所共知，體例宜如是也。今欲知其整體，必棄合此等記載而董理之，始能明瞭。東堂即東廂，或稱東夾，在正堂之東，與堂相並。[redacted]士喪饌小歛奠節『饌于東堂下』，鄭注：『凡在東西堂下者南齊坫。』沈彤云：『堂之東下謂之東堂下，亦謂之堂東。堂之西下謂之西堂下，亦謂之堂西。』東西堂亦統于正堂。東堂下者，東堂之東階下也。（如圖）而房者，大夫有二房，曰東房西房，在堂後，亦在東堂西堂之後，[redacted]與室相並。簡文『房東堂下』，房東無堂，全書無此名目，義不可通。

大射命賓納賓節『小臣師從者在東堂下南面西上』，簡本與今本同，彼簡亦無房字，可見此房字為衍文。

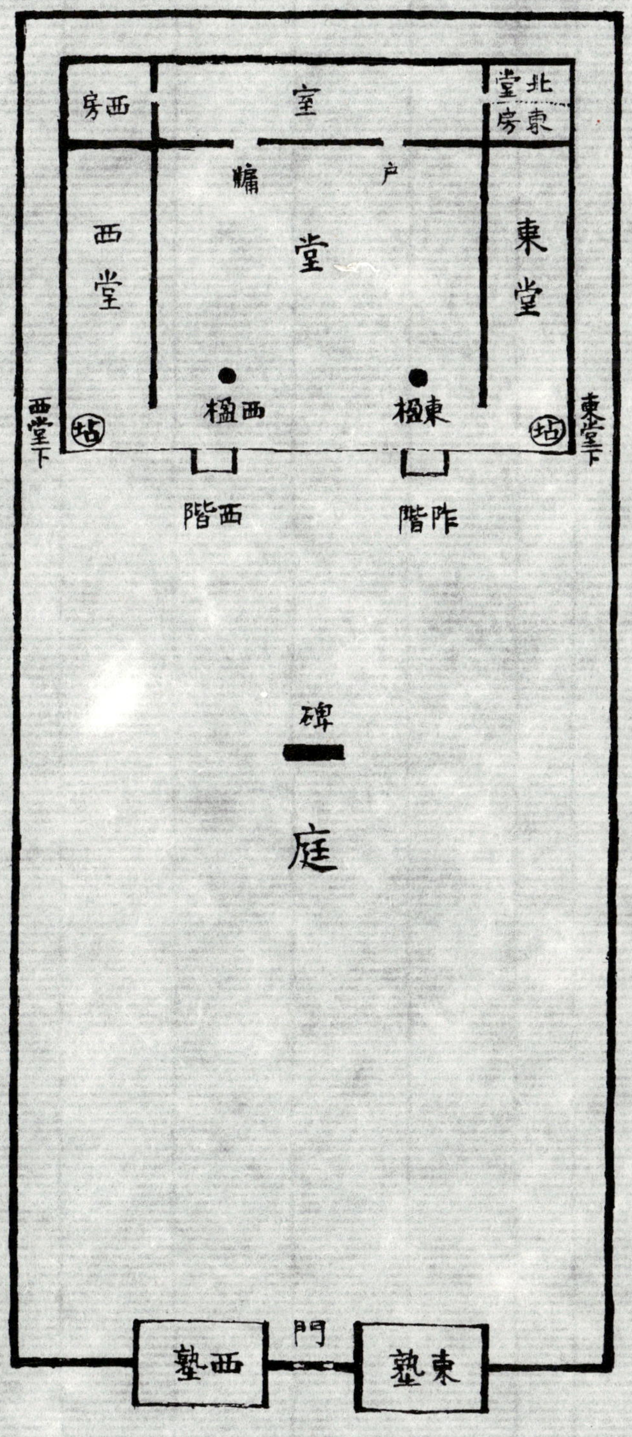

228. **枋于西方**（第8簡）

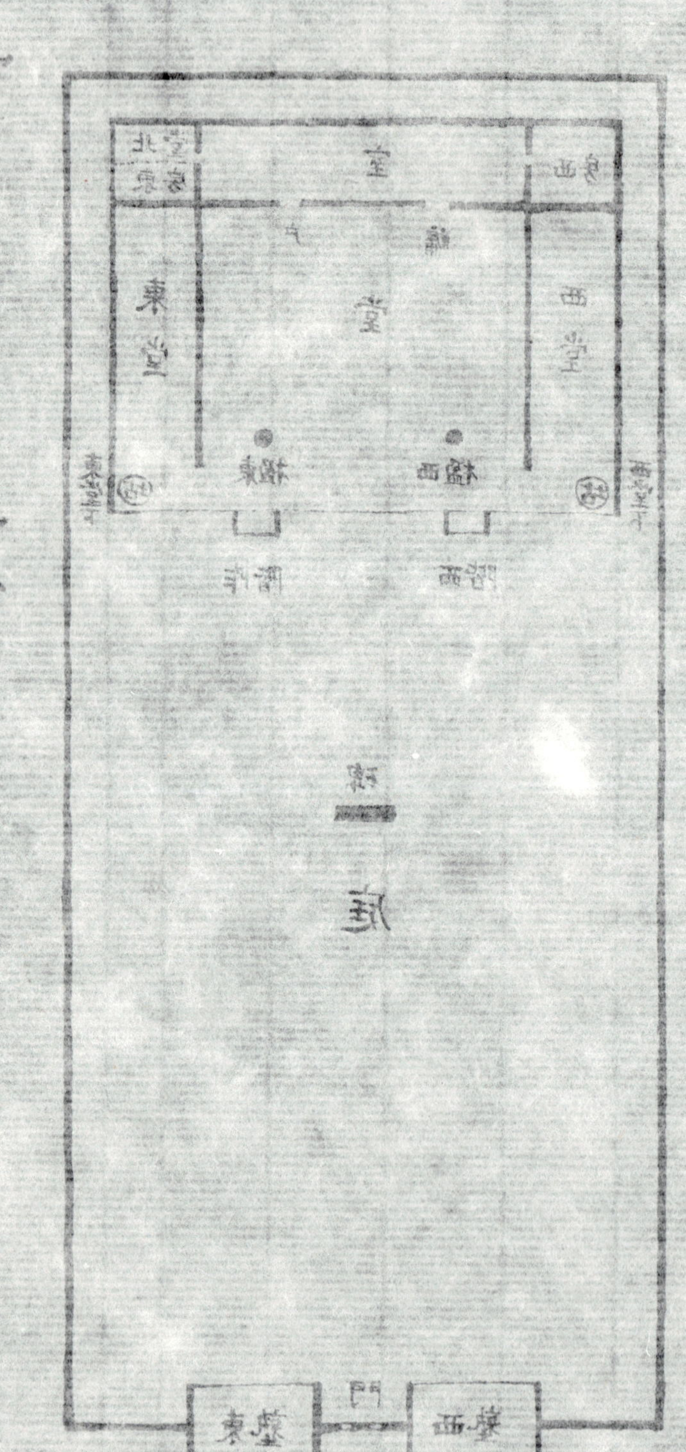

今本枋作放。説文木部：『枋，枋木也』。简作枋，義不可通。鄭注[redacted]『放猶依也』，與廣雅釋詁、國语[redacted]楚語韋[redacted]解、莊子天運釋文引司馬彪注同。放為傍之段借，作枋當為傍之形譌。

229. 羹鄭（第8简）[redacted]

今本鄭作定。今本奠字简本有作鄭有作[redacted]墳，均為加形旁字，說見15.條。此文今本作定為正字，简本作鄭或作墳為段借字。書禹貢『奠高山大川』，史記夏本紀作定。周

禮司市職『平肆展成奠賈』，鄭注：『奠讀為定』，杜子春云：[redacted]奠當為定[redacted]。』此外，職幣職之『皆辨其物而奠其錄』，瞽矇職小史職之『世奠繫』，司士職之『以久奠食』，[redacted]考工記弓人[redacted]為弓之『寒奠體』，太玄[redacted]玄攡之『天地[redacted]奠位』，皆為[redacted]定之段借字。鄭注『[redacted]定猶孰也』，王引之經義述聞云：『定者成也，言成孰也。呂氏春秋仲[redacted]秋篇「以待陰陽之所定」，淮南天文篇「秋分而禾薫定」，高注並曰[redacted]「定成也」。呂氏春秋明理篇「五穀萎敗不成」，高注曰[redacted]「成孰也[redacted]」。是定成孰三字同義。』羹定者，鑊中之牲體已孰，可以速賓。简本作奠為定之段借，而非奠祭奠爵之奠，陳校以為『此為奠定之定』，大誤。特牲作『羹飪』，

飪亦訓孰。參見134條。

230. 雍人陳鼎，三鼎在羊灌之西，二鼎在豕灌之西（第8—9簡）

今本陳鼎下有五字。禮經記陳鼎之數有二式：其一，士昏陳饌節『陳三鼎于寢門外』，士喪陳鼎實節『陳一鼎于寢門外』，又陳大斂衣奠及殯具節『陳三鼎于門外』，又朔月奠節『陳三鼎如初』，有司徹尸𠬝治節『乃升羊豕魚三鼎』，鼎數俱在鼎字上。其二，聘禮致館設飧節『宰夫朝服設飧，[redacted]飪一牢，在西，鼎九，羞鼎三；腥一牢，在東，鼎七。上介飪一牢，在西，鼎七，羞鼎三。』歸饔餼于賓介節『饔，飪一牢，鼎九；[redacted]鼎七，羞鼎三。[redacted]腥二牢，鼎二七。上介饔餼三牢，飪一牢，在西，鼎七，[redacted]羞鼎三，腥一牢，在東，鼎七。』公食陳具節『甸人陳鼎七。』鼎數俱在鼎字下。絶無略去鼎數者。陳鼎多少，與主賓爵位之尊卑，禮儀之隆殺，以及其他器物之多寡，均有配合，應有記錄。或以為下『三鼎在羊鑊之西，二鼎在豕鑊之西』，其數已見。其説非也。此二句為[redacted]分述之文，而『鼎五』乃示用鼎[redacted]之數，詎可詳其末而略其本[redacted]乎？

今本灌作鑊。灌字顯係誤字，陳校云『簡文灌應是濩之誤』是也。爾雅釋訓：『是刈是鑊，鑊煮之也。』釋文：『鑊又作濩。』濩爲鑊之叚字。

231. 肩臂臑肫胳（第9簡）

今本肫作膞。簡本少牢、有司均作肫；今本少牢作膞，特牲、有司作肫。胡氏正義云：「膞胳，唐石經、嚴本俱如是，注同。毛本膞作膊，盧氏詳校改膞，下並同。」說文肉部：「肫，面頯也。」「膞，切肉也。」義不相通。段注：「儀禮說牲體，前有肩臂臑，後有肫髀胳，髀不升於俎，故多言肫胳。肫亦作膞，經肫、膞錯出，皆假借字也。經本應作腨，腨腓腸也，以腓腸該全脛，假肫膞字為之。」段說是也。

232. 伐脅一，皆二骨以並（第9簡）

今本伐作代■。簡本少牢俱作伐，有司第9簡作伐，第10簡作代。陳校云：「今本作代者誤。」代脅即前脅，陳氏何所據而云然？細審圖版，少牢第9簡、有司第10簡伐字均後加一「丿」，墨色淡而畫細，當係原寫作代而後改，出于或人之手，未必有據，仍以作代為是。

今本並作竝。簡本此篇「二骨以並」句凡三，俱作並。■說文人部：「併，竝也。」又竝部：「竝，併也。」二字互訓。此並當為併之俗寫，立旁人旁俗多互寫，如竢之

與侯，竚之與佇，蹊之與傒。鄭注：『今文竝皆作併』。■簡本用今文。

233.雍人論膚九（第10簡）

今本論作倫。鄭注『倫，擇也。膚，脅革肉。擇之取美者』。公食載鼎實俎節『倫膚七』，鄭注：『倫，理也，謂精理滑脆者。』釋義不同。此文雍人擇，公食文承『載者西面』，乃載者擇，亦應訓倫為擇。[redacted]國語晉語韋解、說文手部、廣雅釋詁俱云：『掄，擇也。』王念孫云：『倫掄通。』倫為掄之叚借。公食鄭注：『今文倫或作論。』是今古文俱作倫而今文或本有作論，簡本用今文或本，蓋以今讀古並隸寫時，今文或本字有滲入者。莊子齊物論釋文：『倫，崔本作論』。■荀子性惡篇楊倞注、王制鄭注俱云：『論或作倫。』然則論亦掄之叚借。

234.腊一肫而鼎，腊用麋（第11簡）

今本肫作純。士昏將親迎豫陳饌節『腊一肫』，鄭注：■『肫或作純，純，全也。古文純為鈞。』今文作肫，或本作純，古文作鈞。簡文用今文。鄭此篇注云：『全升左右胖曰純，純猶全也』。士昏注云：『腊，兔腊也。凡腊用全』。

[redacted]兔[redacted]麋左右胖合升，羊豕則升其一胖。純為左右胖合升之名，肫[redacted]髆為體解之一體，義自不同。今文或本作純為正字，古文作鈞為段借字。今文作肫與肫[redacted]髆之肫無別，故鄭以為當作純。簡本乃以今讀古並隸寫時滲入今文肫字。今本士昏作肫，少牢作純，鄭氏雖以肫為非而仍未改从純字，可証其[redacted]對所據本實未[redacted]嘗改易經字。參見150條。

235. 司宮尊兩廡于房户之間（第11簡）

今本廡作甒。簡本俱作廡。士冠、既夕、少牢鄭注：『古文甒皆作廡。』士虞記鄭注：『古文甒為廡也。』簡本用古文。說文广部：『廡，堂下周屋也。』後漢書順帝紀李賢注：『廡，廊屋也。』古文段廡為甒。甒亦作甒，廣雅釋器：『甒，瓶也。』方言：『甒，甖也。周魏之间謂之甒。』胡承珙疏義云：『說文無甒字，古皆借廡為之。方言「甒，甖也」，此亦必本作廡，瓦旁乃後人所加耳。』徐養原疏證云：『集韵九虞「甒或从廡作甒」，則[redacted]又因廡而加瓦。』胡氏正義云：『案廣雅云「甒瓶也」，廡旁瓦乃後人所加，又省作甒耳。』諸家之說皆可備一解，廡、甒不同訓，以同音段借也。

236. 司宮設雷水于洗東，有枓，埶（設）匪（篚）于洗西，南肆（第11—12簡）

今本雷作罍。燕禮第1簡告戒設具節『雷水在東』，今本亦作罍。漢禮器碑『雷洗觴觚』，作雷與簡本同。說文雨部：『靁，陰陽薄動靁雨生物者也。从雨，畾象回轉形。』

■靁，籒文靁閒有回，回，靁聲也。（周，䨻，古文靁。𩆜）[redacted]，古文靁。」今隸作雷為靁之省。又木部：「櫑，龜目酒尊，刻木作雲雷象，象施不窮也。从木从畾，畾亦聲。罍，櫑或从缶。（𦉼，櫑或从皿。）𦉾，籒文櫑，■从缶回。」櫑尊以刻雲雷得名，本用木，或用匋，故或从缶作罍。籒文罍即古文𦉾之从缶，故雷罍聲義均通。禮記明堂位云：「山罍，夏后氏之尊也。」孔疏：「罍，雲雷也。」周禮司尊彝職：「其再獻用兩山尊，皆有罍。」鄭注：「山尊，山罍也。」■俱為盛酒之尊，刻雲雷之形，故曰罍。此文之罍為盛水匋器，亦刻雲雷而名罍，故亦叚雷為之。

禮漢簡異文釋

今本科作料。說文木部：「枓，勺也。」又勺部：「勺，枓也。所以挹取也。」枓為挹水之器，本作斗，如詩行葦「酌以大斗」，大戴禮保傅「大宰持斗而御户右」，从木之枓為[redacted]後製加形旁字。細審圖版，木旁上寫時[redacted]誤落墨瀋，與「ノ」不同，摹本依樣[redacted]畫之，陳氏釋文定為科，遂不可通。今[redacted]更[redacted]定為枓，與今本不異。

今本肆作肆。聘禮記「侯于郊為肆」，鄭注：「古文肆為肆。」■簡本用古文。

237. 司宫延（筵）于臨（第12簡）

今本嘔作奧。說文宀部：「奧，宛也。室之西南隅」。又𠂤部：「嘔，敧也」。二字義別。詩無衣「安且奧兮」，釋文：「奧本又作燠」。集韻十八尤：「燠、奧，燠休，痛念聲。或作奧。」燠休出左傳昭公三年，釋文：「燠，徐音憂」。集韻十九侯：「嘔，烏侯切。嘔俞，深下兒」。[redacted]奧嘔雙聲，燠嘔疊韵，簡本奧之作嘔，蓋以聲近而誤耳。

238. 兼以升，乃㓨二尊之蓋幕（冪）（第13简）

今本兼下有執字。此節司宮取篚中二勺兼執以升堂，兼以升不成文義。凡取器物，二以上稱兼執、合執或兼取、合取。簡本誤脫。

今本㓨作啟。作㓨係書手俗寫。鄭注：「今文啟為開」。簡本、今本俱用古文。據此可證今文避景帝諱作開，而鄭所據本亦屬別本。

239. 鼎徐入（第13简）

今本徐作序。下第20简陰厭節「徐升自西階」，泰射第23简二人媵觶節「徐進酌散」，第24简同節「則徐（進）鄭（奠）䚡（觶）于[redacted]匪（篚）」，第25简同節「徐進坐鄭（奠）于薦南」，简本俱作徐。而燕禮第17简二人媵爵于公節「序進盥洗角䚡（觶）」，「序（進）汋（酌）散」，第18简同節「序進坐鄭（奠）

于薦南』，简本又俱作序，與今本同。用字不能劃一，此又一例証。陳校少牢第20简云：『徐升，今本作序升，简文是。』彼校而不斷，惟此條斷简本是，其實非也。說文广部：『序，東西牆也。』正堂與東西[redacted]堂相间之牆為序，此其本義。又支部：『敘，次第也。』中庸『所以序昭穆也』，[redacted]鄭注：『序猶次也。』祭義『卿大夫序從』，鄭注：『序以次第從也。』周禮肆師職『令外内命婦序哭』，鄭注：『序使相次秩。』群書序訓次第，均為敘之叚借。序與徐通，[redacted]禮記射義『又使公罔之裘、序點揚觶而語』，鄭注：[redacted]『序點或為徐點。』詩常武[redacted]

[redacted]釋文：『舒序，一本作舒徐。』简本叚徐為敘，亦叚序為敘，乃次第而入，非舒徐而入。鼎大小不同，所盛牲體亦不同，當依一定次第[redacted]從門外扛至階下。

240. 下抈上（第15简）……心皆安

[redacted]

今本抈作切。說文刀部：『切，抈也。』『抈，切也』。[redacted]二字雙聲互訓。简本特牲、少牢作切，有司作抈，此文鄭注『今文切皆為抈』，而特牲記鄭注『今文抈為切』，

徐養原疏證云：『按此與特牲記切刌互易，則此注今文當作古文。』簡本、今本俱刌切今古文錯雜並用。

241. 上利升羊右辨(胖)（第16簡）

今本右上有載字。下『下利升豕，其載如羊。』簡本同。其載如羊，即如羊之載右胖。此無載字，下如羊句失卻照應。又上羹定實鼎饌器節『司馬升羊右胖』『司士升豕右胖』，由鑊取出實之于鼎，無載之之法；此文為由鼎取出實之于俎，在俎有載之之法，必有載字，其義始明。士冠夏殷冠子之法節『載合升』，鄭注：『在鼎曰升，在俎曰載。』即此義。簡本書手涉上節而誤脫載字。

242. 長皆及祖(俎)梠（第17簡）

今本梠作拒。鄭注：『拒，讀為介距之距。俎距，脛中當橫節也。』俎拒即俎足，拒當作距，作拒乃距之段借字。說文木部：『梠，櫝也。』非其義。梠為距之聲譌。

243. 臂臑肫(臑)胳在兩端，脊脅肺，肩在上（第17簡）

今本臂上有肩字。此節載俎，記由鼎升牲體實于俎中並載之之法。鄭注：『凡牲體之數及載，備於此。』乃全書記述載俎之最詳備者。牲體分二十一體為『體解』，牛羊豕

同。脊分正脊、脡脊、橫脊，凡三體。左右兩胖，每胖前脛骨謂之肱，肱骨分為三：肩、臂、臑；後脛骨謂之股，股骨亦分為三：髀、肫（或作膞）、胳。肱股之間謂之脅，亦分為三：短脅、正脅、代脅。每胖九體，合左右為十八體，[redacted]併三脊總計為二十一體。用牲或左胖或右胖，而三脊俱用。少牢用羊豕，俱[redacted]（屬）體解。此為神俎，用右胖。又「髀不升」，九體去髀併三脊為十一體。此節上述由鼎升俎，云「肩、臂、臑、膞、胳，正脊一，脡脊一，橫脊一，短脅一，正脅一，代脅一，[redacted]腸三，胃三，舉肺一，祭肺三」。順次記述，鄭注所謂「升之以尊卑」。下述在俎載之之法，云[redacted]「肩、臂、臑、膞、胳在兩端」，即將前肱後股五（體）分盛于俎之兩端。云「脊、脅、肺」，即將三脊、三脅併四肺盛于俎之中央。又云「肩在上[redacted]」者，俎之兩端分上下，此補記前脛骨在上端，即祭統「周人貴肩」之意。補記有肩字，豈能述（記）載之之法時反省肩字？簡本誤脫。[redacted]至（為）明顯。

244. 體（體）其在于祖（俎）皆進下（第17簡）

今本在作載。牲體有本有末，本曰腠，末曰下。此神俎，進下即以體[redacted]（末）向神。此文作載作在均通，載法上文已明，[redacted]此作（在）[redacted]為長。在、載聲同，說文在从土才聲，載从車𢦏聲，[redacted]𢦏从戈才聲，以聲同相通段。

245、主婦被錫，衣袳袂，薦自東房，韭菹湛醢（醓）（第19簡）

今本袳作[redacted]侈[redacted]。下「亦被錫，衣袳袂」，今本亦作侈。阮元校勘記云：「唐石經、嚴本、要義、楊氏俱作移，[redacted]徐氏釋文、集釋、敖氏、毛本俱作侈。」又[redacted]（云）臧庸云：[redacted]「移字當作袳，說文[redacted]袳　衣張也。」按袳乃正字，移乃袳之叚借字，作侈誤也。」陳校據之，以為[redacted]「臧氏之推定，得簡[redacted]（文而）可定矣。」今按臧說[redacted]（未）允。侈袂者，[redacted]袂三尺三寸，較[redacted]（常）袂二尺二寸為特大。國語吳語韋解：

「侈，大也。」淮南（子）本經（訓）高注：「侈，廣也。」則作侈其本義，臧氏謂「作侈誤也」，實[redacted]（屬）武斷。禮記表記鄭注：「移，猶廣大也。」段移為侈，臧氏云「移假借字」是也。考工記「（輿人為車）飾車欲侈」，鄭注：「故書侈作移，杜子春云當為侈。」孫詒讓正義云：「大夫以上之車有重較，較上重耳反出，校之常車為張大，故欲侈。」杜子春不從故書，正是用正字不用叚字之例。說文訓袳為「衣張」，（玉篇人部「侈」下引）聲類云「[redacted]開衣領也」，非侈袂之義。春[redacted]（秋）桓公十五年「公會宋公、衛侯、陳侯于袲」，公羊傳作侈，是袲侈通叚之證。[redacted]簡本作袳，實乃叚袳為侈。（本篇）釋文：「侈，本又作移[redacted]」。

作移為或本。

今本湛作醓。陳校云：「沈、湛古音同，故此假湛為醓」。■文選答賓戲李注（善）：「湛，古沈字。」甚、冘音同，故从甚从冘之字多通叚，而湛、醓相通則群書無証。說文水部：■「湛，沒也。」（酉部無醓字。）又血部：「⿱冘血，血醢也。」又肉部：■「肬，肉汁滓也。」湛與肬、⿱冘血義不相通。鄭氏注聘禮■「醓，醢汁也。」注公食「醓醢，醢有醓。」注周禮醢人職「醓，肉汁也。」醓醢為醢醬之有汁者。醓即肬字，孳乳為⿱冘血字，俗又變為醓。醢人職釋文：「醓，本又作■盜」。作盜為別本。湛為古沈字，由盜譌沈，由沈叚湛。

246. 婦贊者■（一人亦被）錫，衣移（侈）袂，執葵菹醓，以受主婦（第19簡）

今本婦贊者上有主字。特牲宗婦為主婦之贊者，少牢、■有司大夫禮盛，特立主婦贊者與婦人贊者二職以贊助主婦。今本主婦贊者有作婦贊者，敖繼公云：「不言主，省文也。」簡本俱作婦贊者，有全稱始得有簡稱，此文初見主婦贊者，不當省字，仍以今本為長。

今本醓上有蠃字。此陰厭節主婦薦四豆：韭菹、醓醢，■葵菹、蠃醢。特牲陰厭節主婦「薦兩豆，葵菹、蝸醢」，

[redacted]簡本兩誤作南，蝸作蠃，此文當與之相同。有司主人獻尸節、主人受尸酢節俱云『主婦薦韭菹醓』，今本與簡本同，省一醢字。但不能援彼例此。聘禮鄭注：『醓，[redacted]醢汁也』。[redacted]釋名釋飲食：『醢多汁者醓，醓，瀋也。宋魯人皆謂汁為瀋。』（畢校改醯為醢是也）醢為肉醬，醓醢為肉醬之汁者，無甚分別，故可單稱醢。至于蠃醢，鄭注：『蠃，螔蝓。』即蝸牛，特牲作蝸醢，是以蝸牛和入肉醬，不稱蠃醢，即與肉醬無別。又據周禮醢人職韭菹醓醢，屬朝事之豆，葵菹蠃醢屬饋食之豆，二者不同，故韭菹醓醢可省作韭菹醢，葵菹蠃醢則不可省作葵菹醢。簡本誤脫。

今本受作授。金甲文受授皆作受，受授古今字。簡本有授字，[redacted]此文于義當作授，而作受者，或為古文本之殘留未改者。

247. 伓設于東（第19簡）

今本伓作陪。[redacted]簡本泰射第38簡作樂娛賓節『羣工伾于後』作伾，今本亦作陪。說文人部：『伾，有力也。』[redacted]別一義。又土部：『坏，丘再成者也。』段改一成是也。[redacted]阜部：『[redacted]陪，重土也。』書禹貢『至于大伾』，[redacted]史記作邳，一作坯。漢書溝洫志顏注引鄭玄注：『山一

成為伍。』[redacted]可見字當作坯、陎，或作陪。作伍為叚借字。陪陎本義為丘一成或重土，引申之則如[redacted]曲禮下鄭注之『陪重也』，國語魯語韋解之『陪猶重也』。[redacted]簡本泰射作伍[redacted]用叚[redacted]字，此文作伓當係書手漏寫一畫。

248. 有（又）興受贊者稷，坐設于黍南，敦皆南首，[redacted]主婦入于房（第21[redacted]簡）

今本稷上有敦字。敦盛黍稷器。簡本上下黍稷字上俱有敦字，此[redacted]係書手鈔寫誤脫。敦黍，[redacted]一敦黍，一敦稷也。敦稷，

今本婦下有興字。鄭注：『今文曰主婦入于房。』簡本用今文。坐興之節多省字，而此節主婦為神筵設兩敦黍、兩敦稷，詳記坐興，上云『坐設』，則此必明其興後而入于房也。古文[redacted]義長。

249. 佐食剔（觥）會[redacted]（第22簡）

今本會下有蓋字。陳校云：『簡剜去而忘補寫，遂成空白。』似以今本為是。士虞陰厭節『佐食許諾，啟會，卻于敦南。』鄭注：『會，合也，謂敦蓋也。』特牲陰厭節

「佐食啟會，卻于敦南。」簡本會誤作榀，詳彼校。為會敦之蓋，今本少字不當有蓋字。敦之為器，下半與上半相同，傳世實物可証，與鄭注「會合也」之訓正符，故不言蓋而言會。會下蓋字係經師旁注，書手誤鈔入正文，簡本傳習者刪去之是也，得此而証今本誤衍。

250. 敢用柔毛剛腸（第22簡）

今本腸作鬣。鄭注：「羊曰柔毛。豕曰剛鬣」。[redacted]

[redacted]注據

[redacted]曲禮為說，彼注「號牲物異于人用」，即祭物須用美稱之意。說文髟部：「鬣，髮鬣鬣也。从髟巤聲。⿰毛巤，鬣或从毛。⿰豕巤，或从豕」。又囟部：「巤，毛巤也。象髮在囟上及毛髮巤巤之形也。」段[redacted]注云：「按巤與鬣蓋正俗字。巛即[redacted]髮，不當復从髟矣。髟部鬣之為增竄無[redacted]疑」。朱駿聲通訓定聲云：「即鬣巤字。既从巛象形，又从髟，此俗體也。」巤表人髮巤巤，重文⿰毛巤不別人獸，重文⿰豕巤專指豕毛，爾雅釋[redacted]畜「犣牛」，郭注「髀膝尾皆有長毛」，專指牛毛，據此而知[redacted]鬣當即巤字。一切經音義卷十九引通俗文「豬毛曰⿰豕巤」，應為剛鬣之本字，作鬣為俗字。巤與臘通，考工記「桃氏為劍，臘廣二寸又半寸，兩從半之。」鄭注：「臘謂兩刃」。鄭司農云：「謂

[illegible handwritten cursive Chinese manuscript — vertical columns, read right to left]

十[illegible]年十月。「[illegible]。」[illegible]云。「陛
[illegible][illegible]。[illegible]云。[illegible]二十天下
[illegible]。[illegible]云。[illegible]父李字。申
[illegible][illegible][illegible]。
[illegible]十。[illegible][illegible]而[illegible]
[illegible]子。[illegible][illegible]八。重大
[illegible][illegible]。[illegible]以
[illegible]工[illegible]年[illegible][illegible][illegible]。
[illegible][illegible]。[illegible][illegible][illegible]
[illegible]主。[illegible][illegible][illegible]。
美[illegible]之意。[illegible]又[illegible]。[illegible]别[illegible]云。「[illegible]
[illegible][illegible][illegible]。[illegible][illegible]之[illegible]入國。」[illegible][illegible]
[illegible][illegible][illegible]之文章。

[illegible]。「[illegible]日来手。[illegible]日[illegible]。」[illegible]

[一百八十]

[illegible]民[illegible]。[illegible][illegible][illegible]令本[illegible]。
[illegible][illegible]會。[illegible][illegible][illegible][illegible]。[illegible]本
[illegible][illegible][illegible][illegible][illegible]。[illegible]工[illegible]。[illegible]本[illegible]
[illegible][illegible][illegible]。[illegible]之[illegible][illegible]。十[illegible]年[illegible][illegible]
[illegible][illegible]。[illegible][illegible][illegible][illegible][illegible]。[illegible][illegible][illegible]。

劍脊兩面殺趨鍔。」朱駿聲云：「臘段為鬣，鬣即脊也，隆然如鬣，故名。」劍之廣，合兩刃，中脊隆起如鬣，故名臘廣。臘，漢張遷碑作臈，故簡本臈即鬣字，今本作鬣為鬣之俗字。

251. 嘉薦薄淳（第22簡）

今本薄作普。鄭注：「嘉薦，[redacted]菹醢也。普淳，黍稷也。」薄、普一聲之轉。說文日部：「普，日無色也。从日[redacted]从並。」此普之本義也。淮南子精神訓「薄蝕無光」，漢書天文志「日月薄食」，顏注：「日月無光曰薄。」俱段薄為普。孟子萬章上「普天之下」，趙岐注：「普，徧也。」士虞、少牢「普淳」，鄭注俱云：「普，大也。」俱段普為溥。薄从溥聲，淮南子本經訓「旁薄眾宜」，猶言旁溥，乃段薄為溥，故薄、普二字通段。

252. 尸取韭菹辯（辯）擩（換）于三豆（第25簡）

今本同。燕禮第22簡公舉媵爵酬賓節「夫＝辯（辯）受酬」，鄭注：「今文辯皆作徧。」本篇下第44簡餕節「司土（士）乃辯（辯）舉」，與此文鄭注並云：「今文辯為徧。」是簡本、今本俱用今文。

253. 佐食𦉥（爾）上敦黍于延（筵）上（第26簡）

今本佐上有上字。少牢禮繫，佐食有二，下佐其上，不與尸相接。上佐食佐尸飲食，遇事有相因者，可省上字，

■如本節「上佐食舉尸牢幹」；「尸受，振祭，嚌之」；「佐食受，

255. 祝西面于主人(之)南，屬侑不拜（第28簡）

今本屬作獨。侑，勸也。勸其更飯。祝至主人之左，明意出主人，以主人不命，故曰『獨侑』。荀子成相篇『剄而獨鹿棄之江』，楊倞注：『獨鹿與屬鏤同，本或作屬鏤』。是叚獨為屬。書盤庚『爾忱不屬』，釋文：『馬云獨也』。乃叚屬為獨。簡本亦叚屬為獨也。

256. 皇尸未實，或（第29簡）

今本或作侑。簡本侑、或錯雜並用。此篇俱作侑，惟此文一見或字；有司俱作或，惟第61簡一見侑字。或與有古音同部，書無逸『亦罔或克壽』，漢書鄭崇傳作有；又洪

範『無有作好』『無有作惡』，呂覽貴公作或。有與又、右、侑、宥同聲通叚，易繫辭上『又以尚賢也』，釋文：『鄭本作有以』。王制『王三又』，鄭注：『又當作宥』。[redacted]說文左右字作ナ又。周禮大祝職『以享右祭祀』，鄭注：[redacted]『右讀為侑』。荀子宥坐篇『此蓋宥坐之器』，楊倞注：[redacted]『宥與右同』。凡此例不勝舉。聘禮主國君臣饗食賓介之法節『以侑幣』，有司選侑以輔尸節『乃議侑于賓』，鄭注並云：『古文侑皆作宥』。徐養原疏證云：『管子法法『文有三侑，武毋一赦』，此借侑為宥。周禮大司樂『王大食

[redacted]三宥，皆令奏鐘鼓」，與此經古文皆借宥為侑。二字音同互相通。」胡承珙疏義云：「侑正字，宥古文叚借字」。[redacted]簡本作侑，用今文，又作或，或當為有之叚借，而有與侑、宥均可通，不知或字屬今文抑屬古文？鄭氏注禮箋詩俱云：「侑，勸也。」少牢祝與主人侑尸為勸尸更食。說文女部：[redacted]「姷，耦也。从女有聲。讀若祐。」侑，或从人[redacted]。」則侑之本義為輔相，有司儐尸于堂，以賓禮接待神尸，更立侑者一人以輔相尸。

[redacted]

257. 上佐食受尸牢肺脊（第29簡）

今本脊上有正字。此即上「上佐食舉尸牢肺正脊以授尸」，彼文簡本亦有正字。脊有正脊、脡脊、橫脊，無正字則無以分別。簡本誤脫。

258. 乃醋尸（第30簡）

今本醋作酳。陳校云：「從小與從幺同」。此當屬誤寫。特牲主人初獻節「酳尸」，簡本第20簡爛缺，不知所作。二文鄭注並云：「[redacted]古文酳皆為酌。」簡本、今本俱用今文。

259. 祝酌授尸，主人拜受爵，尸合[redacted]（卒）拜（第31簡）

今本授尸下有[redacted]「尸醋主人[redacted]」四字。此[redacted]節尸酢主人，祝代尸洗爵並酌酒以授尸，尸遂以酢主人，而後主人拜受爵。無「尸醋主人」句，祝自授尸爵，何來主人之拜受？脈絡不貫，顯係簡本[redacted]誤脫。

[redacted]

260. 以假于主人（第33簡）

今本假作嘏。鄭注：「古文嘏作格。」士冠醮辭節[redacted]「孝友時格」，鄭注：「今文格為嘏。」釋文：「為嘏，又作假。」簡本用今文。今本兩作，足證鄭氏並無改易經字之事，否則何不並改之。參見150條。

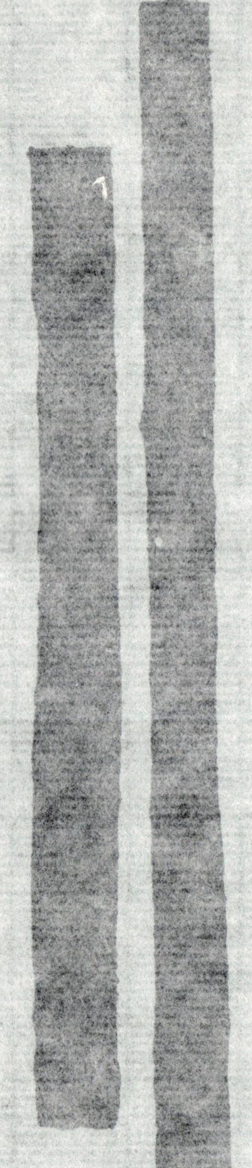

261. 牛壽萬年（第33简）

今本牛作眉。鄭注：「古文眉為微。」士冠加冠祝辭節「眉壽萬年」，鄭注：「古文眉作麋。」今文作眉，古文作微或作麋，徐養原謂「三字古通用」是也。簡本此文作牛，羣書無證，未能詳論，亦不敢遽[redacted]斷其誤，俟達者定之。

262. 勿瑟引之（第33简）

今本瑟作替。鄭注：「古文替作枤，枤或為載，載替聲相近。」說文至部無載字。集韻質五[redacted]有載字，而瑟隸櫛韻，質、櫛古同部，蓋古文或又段瑟為載耳。

263. 執以興（第34简）

今本執下有爵字。少牢、有司兩篇多「執爵以興」[redacted]或「取爵以興」句，簡本有省爵字。有司第26簡主人受尸酢節■「■主人坐取爵興」，今本興上有以字。簡本有省以字。此或原本有省有不省，而今本為劉向所潤色也。

264. 祝再于席上（第34简）

今本再作拜。陳校云：「書手筆誤。」此主人獻祝，祝賤，又無卒爵拜，故受時再拜。此當簡本脫拜字而今本脫再字也。

265. 佐食設俎，牢衡(橫)脊，短脅，腸一，胃一，膚三(第35簡)

今本牢下有髀字。此佐食為祝設俎。肩、臂、臑、髀、肫(膞)、胳為牢正體，髀近竅，尸俎■不升■，用五體。祝賤，不得用五正體，髀雖近竅，猶是正體，故祝俎用之，謂之「牢髀」。無髀字則牢祇有橫脊，脊非正體。獻二佐食云「其俎折」，即所謂「折俎」，鄭注云：「擇取牢正體餘骨，■折而用之。」雖非全骨，仍是■(正)體。佐食尤賤于祝，祝俎豈能(無)正體？凡此均可証簡本誤脫髀字。

今本脊下脅下各有一字。少牢有司記狌(述)體文例，肱股

一體一骨，故不記數；腸、胃、膚等可用一，亦有用二三，■故須記數；脊、脅雖用一體，但有一骨二骨之殊，用二骨者云「正脊一，二骨以並」，則此文橫脊短脅用一骨以示別，亦當記數也。簡本誤脫。

266. 肝牢從，祝受擩(挼)于鹽■(第35簡)

今本無受字，下有取肝二字。獻祝無佐食，自無授受之儀。祝祭時云受，則何人所授？簡本受字■(實)係衍文。

祝先祭豆後祭俎，此肝牢從設，即將祭肝。上祭豆云「祝取菹擩(挼)于醢」，簡本與今本同；此祭肝當與全書、祭肝牢之儀相同，簡本■(誤)脫取肝二字。

267. 佐食祭酒卒爵，坐授爵興（第36簡）

今本卒爵下有拜字。下主婦獻佐食節「祭酒卒爵，坐授主婦。」彼佐食不拜卒爵，此主人獻佐食當與之同。主人主婦獻祝，祝啐酒而不拜卒爵；主人主婦獻兩佐食，兩佐食均不啐酒，鄭注云：「不啐酒而卒爵者，大夫之佐食賤，禮略。」祝啐酒而佐食不啐酒，豈有祝不拜卒爵而佐食反拜卒爵之理？上「佐食戶內牖東北面拜，主人西面荅拜。」■送爵受爵各有一拜。佐食如拜卒爵，豈有主人不荅之理？凡此均証今本衍拜字。敖[redacted]繼公疑拜字為衍文，褚寅亮以為「敖說可從」，今得簡本，可證本無拜字。

268. 主婦洗酌獻祝，祝拜，坐受[redacted]（第39簡）

今本受下有爵字。鄭注：「今文曰祝受拜。」■簡本無爵字同于今文，有坐字又同于古文。此文今古之異，在于坐受抑立受，不在爵字之有無。主人獻祝獻[redacted]佐食，主婦獻佐食，今古文均為坐受，豈有主婦獻祝而祝獨立受？今文[redacted]非也。此等重要之異同，簡本不同于今文，可認其不屬于今文系統。其有同于今文者，實係以今讀古文本並隸寫時滲入[redacted]者，可斷其雖今古文錯雜並用而實是古文本。參

見150條。

269. 乃四饌(養)(第43簡)

今本四下有人字。食神餘曰養，任此職者(曰)養者。四養■不詞，大夫之養者四人，兩佐食外增賓長兩人，故曰四人養。簡本誤脫。

270. 資黍于羊俎兩端，兩下是餕(第44簡)

今本餕作養。簡本養作饌，餕為饌之形訛。鄭注：「古文餕作齋」。■簡本■、今本■俱用今文。

271. 司土(士)進下刑(鉶)于上饌(養)，有(又)進一刑(鉶)于次■饌(養)(第44簡)

今本下作一。神席二鉶分上下。次進養當用下鉶，簡本、今本俱作一鉶，可通。進上養當用上鉶，今本作一鉶，亦可通，簡本作下鉶，誤矣。當從今本。

272. 胡壽葆建家室(第47簡)

今本葆作保。管子正世「害則民失其所葆」，房玄齡注：「葆謂所恃為生者也」。又入國「五幼又予之葆」，

傍注：「葆，今之教母。」，俱叚葆為保。禮器「不樂葆」，莊子田子方「虛緣而葆真」，又讓王「葆力之上也」，釋文俱云：「葆，本作保。」[redacted]作保為正字，作葆為叚借字也。